U0895564

哲学演奏会 1

〔韩国〕黄光祐——著
赵杨——译

译林出版社

图书在版编目（CIP）数据

哲学演奏会. 1/（韩）黄光祐著；赵杨译. 一南京：译林出版社，2016. 1
书名原文：Philosophy Concert 1
ISBN 978－7－5447－6016－4

Ⅰ. ①哲… Ⅱ. ①黄…②赵… Ⅲ. ①哲学-通俗读物 Ⅳ. ①B－49

中国版本图书馆 CIP 数据核字（2015）第 297168 号

书　　名	**哲学演奏会** 1
作　　者	〔韩国〕黄光祐
译　　者	赵　杨
策划编辑	王丽婧
责任编辑	王振华
特约编辑	冯　兰　肖　瑶
出版发行	凤凰出版传媒股份有限公司 译林出版社
出版社地址	南京市湖南路 1 号 A 楼，邮编:210009
电子信箱	yilin@yilin.com
出版社网址	http://www.yilin.com
印　　刷	三河市延风印装有限公司
开　　本	889×1270 毫米　1/16
印　　张	19
字　　数	180 千字
版　　次	2016 年 1 月第 1 版　2016 年 1 月第 1 次印刷
书　　号	978－7－5447－6016－4
定　　价	32.80 元

译林版图书若有印装错误可向承印厂调换

目　录

为追求创意人生的人而作

郑果理（文学评论家、延世大学教授）

每次提及诗人黄知祐兄弟，联想到他们家族的命运，总有种奇妙的感觉。他们三兄弟中，大哥是僧人，二哥是诗人，小弟是工人运动家。如果是西方人的话，他们也许会惊叹站在时代精神潮头的哲学家、艺术家、活动家居然都出自同一个家庭，但是在韩国人看来，在这令人羡慕的现实背后，是“波澜万丈”“荆棘遍野”的尘世风霜，因此他们会不断追问“这是怎么回事”。现在已经事业有成的诗人、大学校长黄知祐，一直以来倡导的是“诗人的正义”，自愿走上了一条苦难和贫寒的道路。他的弟弟黄光祐先生从参加学生运动开始，也一直在为劳动者的利益进行艰苦的斗争。

我虽然没有见过黄光祐先生（不对，在黄诗人母亲的葬礼上，在他们乡下老家的院子里我们好像打过招呼），但由于他们家庭的特殊性，他还是给我留下了很深的印象，也许是因为黄诗人的诗和话语带给我的感觉，这一印象显得很富有戏剧性，后来，另一件事情使原来的印象得到了加深。几年前，我偶然认识了一位文章写得很棒的学生，这个学生不仅文学作品写得好，在思辨性文章的写作上也显示出远胜于同龄人的惊人才能。无论是思维能力、推理、主题的把握，还是句子的准确性、比喻的恰当性都无可挑剔，让人很难相信他是个大学新生。我意外了很久，当我知道教他写作的老师是黄光祐时，我又转而惊叹了。

读着这部书稿，几年前的惊叹再次得到了印证，那位学生之所以具有如此出众的写作能力是有缘由的，其缘由的一半要归于学生本人，另一半应该归功于他的老师。本书的特色可归纳为如下几点：

首先，本书汇集了奠定人类思想基础的主要思想家。对于书中的10位解读对象，著者没有按照自己的兴趣进行选择，也没有按照常规的教育理念选择，如果是后者的话，就应该选择柏拉图和亚里士多德，而不是苏格拉底和柏拉图。这也许是因为在著者看来，从思想基础的角度来说，柏拉图和亚里士多德可视为一人，而苏格拉底和柏拉图虽然是师承关系，但他们的理论基础截然不同。苏格拉底阐释了“无知”，而柏拉图建立了知识的体系。

其次，口语的自然运用。本书的文体基本上还是教科书式的书面语，但是在阅读过程中，偶然间我们会进入到一个娴熟的口语氛围，因为在不经意间文体已经发生了改变。特别是以对话的形式出现的思想家们的发言，很好地模仿了时下年轻人的口吻，使读者在与朋友对话的氛围中，轻松地领悟到哲学家的思想。在我看来，这一技巧不仅得益于著者驾驭文体的能力，更是因为著者对于这些哲学的核心问题已经了然于心，没有透彻的把握就不可能采用这种轻松自然的对话体，否则对话也会杂乱无章，还不如用生硬的抽象词汇来表达了。此外还要指出的是，将智者们很久以前的故事，与今天生活中随处可见、令人苦恼的日常哲学问题联系起来，这也是本书的一大亮点。

最后，对智者们的思想保留判断。换句话说，就是一方面使哲学问题浅显易懂，另一方面却并不面面俱到，给读者留下判断的空间，让他们自己去追问其中的优劣，将最终下判断的任务留给读者，让他们去自行推理、思考。因此，书中对卢梭和老子的比较，可以让我们领会西方人和东方人思考方式的不同，而苏格拉底的“无知之知”给普通人带来了多少困惑和释然，也是需要我们自行追问的问题。

这样看来，黄光祐先生的身上还是有其兄长的印记的。是否可以说，在其活动家的身上，也有着哲学家、艺术家的影子？这大概就是“后生”的好处吧。从弟弟的角度来说，兄长们的生活和想法既是基准，也是再加工的原料。当然，这一道理不仅适用于兄弟间，老师和学生之间、著者和读者之间同样适用这一“传承原理”。当然，创造性地应用传承原理，是后来者的权利和责任，希望本书的读者们都能积极地投身于这一传承中来。

经典是散发着醇香的智慧。一直以来，人们运用经典的智慧改变着世界，而经典总是等待着与众人、与这个世界的相遇。著者黄光祐的《哲学演奏会》会集了东西方10位智者，他们用各自不同的声音完成了一次美妙的合唱。

黄光祐的指挥才能确实不同凡响，他虽然不是哲学专业出身，却将经典的核心思想缀成一串，化作浅显易懂的乐章呈现在舞台上。学生、工人、作家的诸多身份和一路走来不平凡的人生成就了他，在现实面前时时保持清醒的黄光祐，将经典带入现实，使之成为了生活的哲学。

经典需要优秀的引路人，人们通过这本书可以与东西方的经典和智者相遇，这是多么幸福的一件事，因为我们拥有了轻松愉快地投身经典之海的机会。

——金校彬（《东方哲学随笔》作者，湖西大学教授）

“人是社会性的动物”，这一命题很好地解释了我们为什么要学习人文社会科学，但是这一命题并不适用于今天的韩国社会，大部分的社会成员已经成了经济动物，他们的理想就是成为苏格拉底所说的“快乐的猪”。

无知可以分为两种，一种无知是知道自己的无知，另一种无知是连自己的无知都不知道。今天信息的泛滥造就了大量的后一种无知者，由此造成的社会恶果是很多人虽然富有，却无法成为自己生活的主人。我推荐大家阅读黄光祐先生的《哲学演奏会》，希望我们都能成为自己生活的主人，拥有一双洞察世界的慧眼。

——洪世和（《统一民族报》发行人）

与10位智者的对话

人为什么活着？20岁前产生的这个疑问，对于快知天命的我来说仍然是个难题。在我对人生的终极意义稍有所领悟的时候，却已是生命之花即将凋落之时。我很想问一问先贤们，如果你们出生在21世纪，又会向我们讲述些什么？我邀请到人类历史上的10大智者——苏格拉底、柏拉图、释迦牟尼、孔子、耶稣、退溪①、托马斯·莫尔②、亚当·斯密、马克思、老子，首先，让我们先简单地了解一下他们。

① 即李退溪，16世纪朝鲜李朝朱子学大师，朝鲜儒学的泰斗，他继承了王阳明的学术理论，并自己开创了退溪学派。李退溪的经世思想，是典型的儒家思想。

② 托马斯·莫尔（1478—1535），英格兰政治家、作家与空想社会主义者，《乌托邦》一书的作者。

最短命的人：耶稣，33岁。

最长寿的人：释迦牟尼和柏拉图，两位都活到了80岁。

被处以死刑的人：苏格拉底、耶稣和托马斯·莫尔，他们都因灵魂的纯洁而死。

家世背景最显赫的人：释迦牟尼是王子，柏拉图是名门贵族。

家世背景最低微的人：孔子的母亲是妾室，耶稣的父亲是木匠。

到达权力最高峰的人：托马斯·莫尔。莫尔曾任大法官，相当于国会议长兼国务总理。

夫妻关系不好的人：耶稣和亚当·斯密是独身，释迦牟尼后来出家，托马斯·莫尔和退溪的夫人早逝，苏格拉底的妻子克桑蒂贝在丈夫会客时也会闯入。

琴瑟和谐的人：马克思。出身贵族的燕妮与出身中产阶级的青年马克思相恋，他们的爱情跨越了身份界限。

最富有理想主义精神的人：托马斯·莫尔。他梦想着一个没有市场和货币的世界。

最具现实主义精神的人：亚当·斯密。他的《国富论》的主人公是一个极其自私的商人。

讲授最多的人：释迦牟尼。八万《大藏经》相当于现在的1000册图书。

内容最短的书：《般若波罗蜜多心经》，共260字。

教得最简单的人：苏格拉底。他教的是“我不知道”。

最难懂的书：马克思的《资本论》。“商品和货币”一章最好不要读。

内容最丰富的书：柏拉图的《理想国》，它是献给社会精英们的思想飨宴。

内容最深奥的书：孔子的《论语》。孔子周游列国14年，68岁返乡，《论语》记载了他和弟子们的言行思想，十分深奥。

我第一次接触到柏拉图是刚入大学的时候。参加完开学典礼，一位学长对我说，大学四年你就读好两本书就行了，一本是孔子的《论语》，另一本是柏拉图的《理想国》。我当时正值“力拔山兮气盖世”、心存高远的20岁，读1万本书都满足不了我的求知欲，他竟然告诉我只读两本……

当然，学长的话是有条件的，书不能是韩文的，要读原文。他说大学是学习语言的地方，要把英语和汉语学好。此后一年，我随身带着英文版的《理想国》，在空荡荡的教室里读，在放映室里读，在食堂里也读，有时一天一页，有时一天两页，完全是生吞活剥、不知所云。1977年10月，我与进入校园的武装警察发生冲突，离开了学校。此后经过多年的辗转，当我再次拿起《理想国》时，已经40岁了。将《理想国》全部通读完是两年前的事，读这本书整整花了我27年的时间。

> 饭疏食饮水，曲肱而枕之，乐亦在其中矣。不义而富且贵，于我如浮云。

我7岁时第一次学习到这句话。至今我还记得补习班的国语课，课上的一半时间都用来朗诵，我们读完老师就说一句“很好”，剩下的时间就学一句《论语》，我很喜欢这种少见的教学方式。

我正式与孔子相遇是1990年，33岁的时候，花了6个月的时间读完了整部《论语》。此后每一年，我都会欣赏《论语》这片树林中植下的600多棵大树，但孔子真的是位很难读懂的人。他55岁的时候，怀着治国平天下的雄心开始周游天下，再次回到故乡时已经68岁，《论语》大约就是这时开始成形的。

我们在20岁的时候就可以学懂自然科学，但人文科学需要活到老、学到老。21世纪的现代人，之所以还需要向柏拉图和孔子学习人文科学，原因就在于此。

我认为在阅读柏拉图的《理想国》之前，需要先读一读《苏格拉底的申辩》和《飨宴篇》。当时只要放弃哲学，就可以免除一死，但苏格拉底拒绝了这一提议，服毒而死，维护了哲学的自由，他生命中蕴含的力量值得我们探索。一边饮酒一边交谈被称为思想的飨宴，和希腊语一起读是件很有意思的事情。爱情是对不朽理念的追求，这一想象真是美妙绝伦。在此后的2400年里，欧洲人的思考就是在各自的领域中寻求一种理念，马克思的剩余价值论、爱因斯坦的相对论都可以看作是理念的具体表现。

如果说欧洲的哲学为我们提供了理解世界的普遍知识，那么东方的思想带给我们的则是生活的美妙智慧。释迦牟尼的“空”达到了向往自由的否定精神的极致，执着追求自由的释迦牟尼的教诲时时给我们以警醒。孔子虽然没能实现他治国平天下的理想，却给我们留下了仁爱、端庄的“君子之像”，儒教虽然不在了，但君子的人格仍然是我生命的基石。

我有三宝，持而保之。一曰慈，二曰俭，三曰不敢为天下先。

年纪越大，我越觉得《道德经》是个宝库。

一本经典比100本新书还要有用，发现经典中蕴含的哲学和智慧，人类需要数百年的时光。我建议大家阅读经典，但心中也感到些许抱歉，因为阅读经典不是一件简单的事。

现在，《哲学演奏会》即将上演，希望大家能静心观赏。

威尔·杜兰特[1]的《哲学的故事》介绍了西方的哲学家代表，现在我们的《哲学演奏会》将邀请代表东西方的10位智者。

不要试图一下子就能够理解这10位智者，希望大家先阅读苏格拉底、耶稣、托马斯·莫尔和亚当·斯密，如果学有余力的话，再阅读释迦牟尼、孔子、退溪和老子，而阅读柏拉图和马克思还是有些难度的。

人的价值在于他的思想和行动为社会的发展做出了多大贡献，希望《哲学演奏会》能对读者心灵的成熟有所裨益。感谢熊津知识出版社的大力支持。

黄光祐于阳光之乡

---

① 威尔·杜兰特（1885—1981），美国著名学者，普利策奖（1968）和自由勋章（1977）获得者。他终生热情地致力于将哲学从学术象牙塔中解放出来，让它进入普通人的生活。代表作：《历史上的英雄》《哲学的故事》。

第 1 章

苏格拉底为什么服下了毒药?

苏格拉底 Socrates

"怀疑一切！质疑一切！这是哲学的出发点。"为了达到真理的彼岸，不断地质疑，指出对方逻辑上的弱点，对他说"你的想法是错误的"，这就是苏格拉底的"助产术"。

公元前399年，平时视苏格拉底为眼中钉的雅典统治阶级，以不信神、腐蚀青年的罪名将他带上法庭。苏格拉底做了最后的申辩，但还是因压倒性的多数有罪投票被宣判死刑。

苏格拉底的死刑是正当的吗？阿尼图斯提出只要他放弃哲学，就可以无罪。这一交易又意味着什么？苏格拉底服下毒药的真正原因是什么？苏格拉底的弟子柏拉图通过自己的著作，再现了他的老师意欲"优秀地、高尚地、正当地"生活的完美形象。

距今2400多年前，在雅典市政广场的一个法庭上，上演了一场旷世审判。时间是公元前399年，一位约70岁的老人站在被告席上，他面对500名市民慷慨陈词，逻辑严谨，辞藻华丽。由雅典市民组成的陪审团将判决被告是否有罪，若有罪，他们有权宣判他死刑，但是庭上的情形让人很难分得清谁是罪人，谁是法官。

老人名叫苏格拉底，矮个子、朝天鼻，声音洪亮、论辩缜密，丝毫不像一位70岁的老人。他看起来固执，但面相良善，今天将是他被宣判死刑的日子。

起诉苏格拉底的是墨勒图斯、吕孔和阿尼图斯，他们属于雅典拥有实权的统治阶层。墨勒图斯代表着文学界，吕孔代表着辩论界，阿尼图斯代表着政治界，他们思想一致，用今天的话说就是文化界、学界、政界的三巨头联手将苏格拉底送上了法庭。尤其令人瞩目的是，阿尼图斯在当时深受雅典人的信赖，是位重量级的政治人物。

他们起诉苏格拉底的罪名有两条，一条是不信神的不敬之罪，另一条是腐蚀青年。如果被告人在法庭上被宣告无罪，起诉人将被处以 1000 德拉克马[1]的罚款，相当于今天的上亿罚金[2]，公民权也将受到限制，也就是说，他们不仅有物质上的损失，社会名誉也将受到致命打击。特别是对阿尼图斯来说，限制公民权就意味着政治生命的终结，用今天的话说，这可不是闹着玩儿的。

因为审判必须在当天结束，苏格拉底的审判从早上一直持续到下午很晚。进入法庭后，苏格拉底首先就自己不太恭敬的老年人的说话方式请求陪审团的谅解，并希望他们做出公正的裁判。他说，辨别真假是裁决者的德行，述说真相是辩论者的德行。接着，他请求雅典市民消除对自己的几点误解。他说，所谓“苏格拉底沉思冥想天上地下种种稀奇古怪的事情，散布荒谬的论断，甚至否定神的存在”，这些先入之见都是和自己没有任何关系的恶意

① 古希腊货币单位。——译注

② 这里指韩元。1 韩元 =0.0058 人民币元。——译注

中伤。他还强调自己“比任何人都重视神的声音”。

当时的雅典处于帝国时期，雅典的青年们想要进入政界就要学习辩论术，著名的辩论家们都有不菲的授课收入，像高尔吉亚这样一流的辩论家的月收入按当下计算更是超过了亿元[①]。在雅典市民看来，苏格拉底和其他辩论家们一样，都是教授青年们辩论术的人。因此审判伊始，苏格拉底就先阐明了自己的身份，“我平生从未因为钱讲授过知识，只是一个探求真理的人”。

哲学即爱智者，就是热爱智慧的人。苏格拉底的职业是探求真理，按东方人的说法就是“探路者”。

这样一位光明磊落的人，为什么为官司所累、被拉上了法庭呢？不得不走上法庭的那一天早上，苏格拉底的内心一定无法平静，他这样解释自己所了解到的事情原委：

一天，我的朋友凯若冯来找我，他说：“嗨，苏格拉底，德尔菲的女祭司，那个叫碧蒂娅的，她得到了神的旨意，说雅典最有智慧的人是苏格拉底，就是你。朋友，你怎么看？”（苏格拉底听了这话，心情肯定不错。）

我想检验德尔菲神的旨意是不是正确的。谁是雅

① 这里指韩元。——译注

典最有智慧的人？我认为一定有比我聪明的人，于是我去见了雅典的领袖人物。我向政治家们发问：什么是正义？什么是德行？人类追求的生命终极价值又是什么？

然而结果却很令人失望。那些夸下海口要带领民众走向幸福的领袖人物，却不知幸福为何物，他们说什么有钱就有幸福，没有痛苦就意味着幸福。雅典的政治领袖们不知道何谓正义，对人类追求的终极价值更是想都没有想过。真是伪善者，越是有名望的政治家越是无知，令人失望。

接下来我去找过很多文人。文人们不是都写过很多华美的文章吗？他们集世上的尊宠于一身，我以为他们会与政治家有所不同。我相信他们对于宇宙的产生和消失、正义和幸福会有自己的一家之见，所以我向他们发问，就他们书中所写的内容发问。

然而太荒谬了，他们对于自己写的内容，连出自哪一本书、哪一个段落都不清楚。所以，我觉得，啊，他们原来是连何谓作家都不清楚就随意写作的人。有这样的道理吗？

最后，我去找了手工艺人。他们在自己的领域拥有相当渊博的知识，雕塑者很了解石头的属性，铁匠对铁的特点也了解得很透彻。然而不幸的是，他们对于人生几个主要的一般性问题却一无所知，但是他们却错误地以为自己对一切都很了解，真是令人忧虑。

大概就是这样吧，这些领袖人物对于我这个刨根问底的老头感到相当的不快。越是从事高贵工作的人，当他们的体面受到伤害时，越会感到愤怒。他们对人生从来就没认真地思考过一次，对我的问题，他们感到十分困惑。

我把我的所见所感都如实地告诉了弟子们，政治家、文人、手工艺人都不可信，他们都不知道自己的无知，却在夸口要指导民众，他们错误地以为自己知道一切。我就是这样告诉弟子们的，也许就因为这些，领袖人物们认为我在腐蚀青年。

苏格拉底平静地述说着事情的经过。

苏格拉底，他是谁？

在这里，我们有必要了解一下苏格拉底多么富于雄辩，统治阶级为什么如此憎恨他。苏格拉底虽然擅长理性思考，但对于辩论中失利一方所承受的心理痛苦却毫无察觉，是个 EQ 零分的人。让我们一起来听一听他的朋友兼恋人阿尔西比亚德斯的证词。

“飨宴”是雅典人喜爱的边饮酒边彻夜交谈的宴会。柏拉图在《飨宴篇》这本著作中，记录了苏格拉底和他们就爱情问题展开的对话。在这本书的最后，是一段倾慕苏格拉底身体和灵魂的同性恋者阿尔西比亚德斯的告白：

> 我可以断言，他是雕塑人类灵魂的大家，如果把苏格拉底完成的雕塑作品剖开来看，里面一定有一座灵魂的神像。听伯里克利的演讲，你会认为他确实很雄辩，但是没有与苏格拉底交谈中感受到的灵魂的战栗。苏格拉底，因为他，我不能再像以往一样生活，我无数次下决心要开始一种新的人生。
>
> 听他的谈话，我真切地感受到自己的不足，决心要更努力地工作。坦白地讲，我就像奥德修斯堵住耳朵来逃避海妖塞壬的歌声一样，也曾试图逃离苏格拉底，但越想逃离就越感到羞耻。我逃着逃着，偶然又会和他相遇，那时我真羞愧得想要死去，甚至希望他从雅典消失。
>
> 苏格拉底，他是一条毒蛇，和他进行哲学上的交流，被咬上一口就会死去。当我原本很有自信的论辩乱成一锅粥的时候，当我意识到自己精神混沌乱说一

气的时候，还有比这更悲惨的时刻吗？诸位都曾见识过苏格拉底在进行哲学交流时表现出的迷狂和热情吧？

阿尔西比亚德斯的告白很好地说明了苏格拉底的性情。人过于完美会让他人不舒服，一见面就训人的学长会让人想逃避，逻辑严谨、道德上洁白无瑕的学长会让人感到压力。中宗[①]赐死赵光祖[②]的原因就在于此。让别人感到压力的人，言行过于完美使他人显得不堪的人，渐渐地都会遭人厌弃。

苏格拉底自己并不知道他给别人带来的痛苦，否则倾慕他的阿尔西比亚德斯怎么会希望他消失呢？这是受冲动的魔鬼所使，就像我们在梦中杀死朋友，也会陷入深深的自责一样。这种朋友的存在本身，对我们就是种压力，越不想见到他，就越会感到痛苦……中宗因为赵光祖而感受到的精神痛苦，阿尔西比亚德斯也因为苏格拉底而感受到了。

阿尔西比亚德斯是苏格拉底的同性恋人。雅典市民认为男女间的肉体爱恋是种低俗的爱情，而男性间的同性恋情才是真正有品位的爱情。苏格拉底是同性恋，这实际上是个公开的秘密，成年男性爱上美少年是雅典的风俗，这一点今天已经广为人知。

---

① 李怿（1488—1544），李氏朝鲜第 11 代君主。

② 朝鲜李朝哲学家，朝鲜朱子学派的代表者。

话题扯得太远了，我们顺便再多听几句阿尔西比亚德斯对苏格拉底的告白吧！

> 老师是唯一有资格成为我的恋人的人。身体上的眼睛迟钝之时，就是思想上的眼睛锐利之时……他完全无视我美丽的身体，他和我同榻而眠，却没有发生任何事。我们在没有旁人的地方一起摔跤，也没有发生任何事情。我甚至感觉受到了侮辱，我漂亮的身体完全被忽视了。

所以说，苏格拉底虽然和年轻人相恋，但并不沉溺于他们的身体，而是爱恋他们的灵魂。苏格拉底希望弟子们的灵魂能够健康而正常地成长，从这一点来说，他是位灵魂的雕塑家。我们再来听听阿尔西比亚德斯描述苏格拉底性情的陈述：

> 苏格拉底和我参加过波提狄亚战役，我们吃在一起，成了战友。再没有人比他更能忍受痛苦，危险的时刻他总是一动不动地坚守岗位。是他把我从敌人手中救了出来，再困难的事情他都能顺利完成。
>
> 他的酒量也很惊人，虽然并不喜欢喝酒，但只要一开始喝，他就可以一直喝下去。我和他一起喝过很

多次，还从来没见他喝醉过，真是个了不起的人。他从不怕冷，只在冬天才穿鞋子。

阿尔西比亚德斯证明了苏格拉底的勇猛和自控力。勇气和节制是柏拉图强调的德行，他在建设他的理想国时，对护卫者的德行有三点要求，即勇气、节制和智慧。苏格拉底是兼备智慧、勇气和节制的正义化身。现在，我们再来看看，在追求真理的过程中苏格拉底表现出的执著：

还有过这样一件事。一天，他从早晨开始就陷入了沉思，一直到正午还站在那里。我们一直观察着，看他会站多久，天哪，一直到深夜，他还站在原地。我们震惊了，他只要开始思考，就会忘记一切。直到第二天早上，他向着太阳做了祷告才离开了那里。

和墨勒图斯的辩论

苏格拉底是个可怕的人，否则他的恋人兼弟子怎么会将他比喻成毒蛇呢？墨勒图斯不小心招惹了“毒蛇”，他就必须在

500 名市民面前赢得这场殊死之战。让我们再回到市政广场的法庭上吧！

苏格拉底：墨勒图斯，你不是起诉我腐蚀青年吗？那么谁又促使他们进步了呢？（苏格拉底的质问是有陷阱的，因为任何人都不可能完美。只要墨勒图斯指出某个他认识的优秀老师，苏格拉底就会发起猛烈的攻击。那个老师的缺点雅典市民都很熟悉，苏格拉底马上就会射出第二发炮弹——你为什么不起诉那个老师腐蚀青年呢？按照我们今天的说法就是，那个老师某一天不是还和家长们一起去歌厅唱歌了吗？）

墨勒图斯：促进青年进步的是法律。（回答得真是巧妙。他回避了具体的人，用雅典人都认可的制度作答。但毒蛇是无法逃避的，紧接着第二发炮弹就射过来了。）

苏格拉底：那么谁懂得法律？（就法律本身辩论没有任何意义，要引导他就具体的人进行辩论。）

墨勒图斯：陪审团。（回答得有些犹豫，但也不能不回答，总不能说没人懂得法律吧？）

苏格拉底：他们所有人都能促进青年进步吗？

墨勒图斯：当然能。（开始被毒蛇咬住了。）

苏格拉底：你是说他们所有人吗？

墨勒图斯：所有人。（再一次确认。）

苏格拉底：所有的听众也都懂得法律吗？

墨勒图斯：是的。（这是苏格拉底的辩论的高明之处。如果说陪审员都懂得法律，就只能承认听众们

也懂得法律，如果不这样回答，他就会继续追问被选为陪审员的市民和旁听者的资质为何不同?)

苏格拉底：那议事会的议员们呢?

墨勒图斯：他们也懂。（苏格拉底提到的人越来越多，他还会说到谁呢？议事会议员就相当于我们的市议员。)

苏格拉底：那么，公民大会的成员也都懂得法律了?

墨勒图斯：当然。（从陪审员、听众、议事会议员，最后扩大到了公民大会成员，用我们的话说就是从大法官到村长都是懂法的人。)

苏格拉底：按照你的观点所有的雅典人都懂得法律，都在促进青年的发展，就只有我一个人例外啊！(辩论的胜负到此一目了然。如果说懂得法律的人是好老师，那么所有的雅典人都是好老师，在这个到处都是好老师的社会里，青少年是不可能堕落的。难道不是吗？如果说只因为一个对法律一无所知的老头，就让青少年堕落了，那么一直以来雅典人都放弃对青少年的教育了吗？这等于说墨勒图斯承认所有的雅典人都犯了遗弃罪。)

苏格拉底：如果说只有一个人腐蚀青年，而其他所有人都在帮助青年，那真是青年们的福分了。但是墨勒图斯，你的辩论等于在说，雅典人放弃了教育青年的职责。（游戏结束。）

放弃哲学吧

接下来将对不信神的罪名进行申辩。任何一个社会都存在教化社会成员的共同意识或理念，我们将其称为统治思想。欧洲中世纪的统治思想是基督教教义，朝鲜王朝的统治思想是性理学，统治阶级总是需要一个统治思想来教化民众、愚化民众和统治民众。

然而，只要有一个叛逆的知识分子走出来，说一句“国王长了一双驴耳朵”，一切就都乱套了；只要有一个富于反抗的知识分子站起来，高喊一声“王侯将相宁有种乎”，民心势必开始涣散。所以，秦始皇才会焚书坑儒；教会才会烧死主张“太阳中心说”的布鲁诺；伽利略遭终身软禁、禁言；日本帝国主义将朝鲜的独立运动家们以违反治安维持法的名义全部抓起来投进监狱；现在雅典的墨勒图斯、吕孔和阿尼图斯以不信神的罪名，将苏格拉底告上了法庭。凡此种种，无不相同。

因为心中的信念而被权力镇压的人，我们称之为政治犯。政治犯和一般的罪犯不同，是因为自己的理念而被镇压，他既没有偷别人的东西，也没有伤害到谁，仅仅因为和统治阶级散播的观念不同而遭此痛苦。

人在发现一种有意义的新思想时，将其隐藏起来是件很痛苦的事。发现与传统的想法、惯常的生活方式不同的新思想、新生活方式的人，总要想尽办法昭告天下，或者著书宣传，或者油印小报，或者写成隐晦的诗歌，新思想总是需要与人交流的。

这样一来就不免被当权者抓住，遍尝逮捕、审问、监禁的痛苦。对统治阶级来说，政治犯和一般的罪犯不同，只要转变想法即可，只要写上一张“我原来的想法是错误的”的自白书就可以无罪释放。

苏格拉底是无神论者，还是有神论者？到底哪个才是真实的？如果苏格拉底是无神论者，宣判他死刑是理所应当的，做出这一决定的雅典市民的良心也就得到了安慰。但是，如果苏格拉底是无神论者，这个固执的老头一定会坚持说“神是不存在的”。他和伽利略截然不同，伽利略可以一面在教会的法庭上签字，保证听从《圣经》的指引，一面在走出法庭大门时说“地球照样在转”。苏格拉底坚信理性思考的正确性，并坚持理性地生活，他绝对不会明明是个无神论者，仅仅为了活命就说“神是存在的”。

苏格拉底是有神论者，从他的弟子柏拉图身上就可以看出来。柏拉图的大作《理想国》中，所有的论旨都根基于对神的认同。如果弟子是有神论者，老师多半也是有神论者。

那么，墨勒图斯是根据什么起诉苏格拉底是无神论者呢？

苏格拉底：墨勒图斯，你起诉我不信神，并教导别人也不要信神，是吗？

墨勒图斯：是的。

苏格拉底：你起诉说，我说太阳和月亮不是神，是吗？（这里很关键，我们不要理解错了，当时太阳和月亮都是雅典人的神。）

墨勒图斯：各位陪审员，苏格拉底曾说，太阳是

石头，月亮是泥土。（墨勒图斯看起来真是个卑劣的人。是有辩论家讲过太阳是石头，月亮是泥土，但他的名字叫阿纳克萨格拉。如果墨勒图斯真的是出于想维护雅典统治制度的忠诚目的，想指控无神论者，他应该起诉阿纳克萨格拉，墨勒图斯现在的指控是毫无根据的。）

苏格拉底：呵呵，你是说我叫阿纳克萨格拉吗？（和卑劣的人是无法辩论的，他们关心的不是阐明真相，而只是怎样满足自己的私欲。）

接着，苏格拉底告诫雅典人，只要是神的旨意，就要冒着危险去实践它，这才是理性的态度。然后，苏格拉底谈到了死亡。他说，即使在座的诸位宣判我死刑，我也不会眨一下眼睛，畏惧死亡是愚蠢的表现，将死亡视为不祥之物的浅薄想法是无知的产物。苏格拉底不是在告诫，简直是在呵斥。他不怕有罪宣判，也不怕死亡宣判。

“真够厉害的。”现在感到害怕的反倒是陪审团了。起诉苏格拉底却让墨勒图斯打前阵的人是阿尼图斯，他是受到雅典人尊敬的重要政治家，因为自己受到侮辱，所以怀恨在心，将这个老头送上了法庭。但是他却躲在后面，让墨勒图斯与苏格拉底辩论，自己在远处操纵着。

“哎呀，不好。”阿尼图斯感到事态正向相反的方向发展，他可不是为了看这个结果才来的。被告人在法庭上应该像羊一样温顺，恭敬地低着头，时不时流下几滴眼泪，求情、讨饶、哭诉，这才是被告人该有的态度。

看到苏格拉底反扑过来，无惧死亡，阿尼图斯意识到事态不妙，与想象的相差太远了。把握事态的进展是政治家的动物直觉，他当即意识到，到时候了，该放这个老头一条生路了。于是在该站出来的时候，阿尼图斯站了起来。

阿尼图斯：苏格拉底，你放弃哲学吧！我们将宣判你无罪。

放弃哲学就宣判无罪，阿尼图斯在500名陪审员面前暴露了自己的真实想法。不敬之罪、腐蚀青年的罪名都不过是个幌子，让阿尼图斯不快的是苏格拉底所从事的哲学，放弃了就可以无罪。这算怎么回事？

现在阿尼图斯用赦其无罪的诱饵诱惑着一位哲人的良心，他想做个交易。苏格拉底会妥协吗？阿尼图斯真是太不了解对方了，他不明白有比一己之利、名誉、生命更宝贵的东西。

罪犯应该是阿尼图斯，他犯下了诬告罪，将一个善良、磊落、真诚的哲学家以莫须有的罪名送上法庭，买通陪审员，阴谋判其服毒自杀。“放弃哲学吧！我们宣判你无罪。”这算怎么回事？现在来听听苏格拉底冷静的忠告吧！

苏格拉底：雅典人啊，我爱你们，但我不会服从你们，我听命于神。只要一息尚存，我仍将热爱真理，不会放弃对你们的忠告。我仍会在早起后到广场上去和年轻人交谈，就像我一直以来做的那样。

诸位，你们是伟大、智慧、强大的国家——雅典的市民，我们的祖先建立、开垦了它，又将这令我们骄傲的国家交付给我们。现在，你们的精神呢？是不是完全像个商人一样只顾着赚钱？对真正的名誉、真理、高尚的灵魂漠不关心，这不令你们感到羞愧吗？

2400年前，苏格拉底的忠告响彻在雅典市政广场的法庭上，今天又超越时空敲打在我们心头。我们这个敬钱不敬人的国度，拜物的国度——韩国的国民应该好好地吟味一下苏格拉底的忠告。良药苦口。

苏格拉底：诸位是身躯健硕、血统纯正的马，但是因为身躯庞大而行动有些迟缓，对于这样的马来说，需要有时时刺激它的牛虻。我，苏格拉底，就是诸位的牛虻。

不自由，毋宁死！

苏格拉底没有哀求无罪判决，为了博得陪审员的同情而流泪、哀求、诉苦不是哲学家做的事。陪审员应该理性地思考、公正地裁决。博取他们的同情，实际上就是阻止他们做出裁决。结果出来了，有罪 280 票，无罪 220 票。

雅典法庭第一次审判先宣布是否有罪，如果认定有罪，再进行第二次审判来量刑，而且在第二次审判的开始，需要听取原告和被告对量刑的陈述。阿尼图斯让墨勒图斯打头阵，主张对苏格拉底处以死刑，因为苏格拉底对放弃哲学就可无罪的提议表现出的漠视，让他的尊严在 500 名市民面前被击得粉碎。

阿尼图斯主张死刑是有阴谋的。“苏格拉底，你肯定是不想死吧？那就选择流放！对，滚出去，从雅典滚出去！”这就是阿尼图斯打的算盘，但是苏格拉底拒绝了流放。

量刑？难道我有什么过错吗？我一生从没有为钱而教过学生，我没有钱，也付不了罚款。

我是伟大的雅典的自由民。诸位都很清楚，我年轻的时候曾经三次上战场，没有人像我一样勇猛地战斗过，我为什么要像奴隶一样被奴役？流放？我这么大年纪，为什么要去别的国家？别的国家的人会喜欢我这个老头吗？我在别的国家一样会刨根问底，发出令人讨厌的声音，然后再让他们把我撵出来吗？如果一定让我说我应该受到哪种刑罚，那么我想我应该收到迎宾馆的晚宴邀请函。是的，如果还有谁像我一样追求公众的利益，那就请你站出来吧！

苏格拉底使阿尼图斯沦为了不堪之人，他开始赞美死亡：

死亡是什么？死亡是身体永远的睡眠。身体进入睡眠状态，灵魂将离开身体获得自由。我的灵魂将去往幸福的岛国，拜访我们的英雄阿喀琉斯和奥德修斯，与我们的诗人赫西奥德和荷马谈笑风生。这些英雄和诗人们会因为我是探求真理的人，不再处死我。

事态越来越严重，阿尼图斯愤怒之余，只能叹气了。我真不该惹他，但覆水难收，我现在有些害怕了，我不该做这件事的。不，现在需要的不是小心谨慎，按照既定方针办吧！伙计们，处死那个老头！

这样一来，世界史上无出其右的少见的判决结果出台了。在裁决有罪无罪的第一次审判中，原本是有罪 280 票，无罪

220 票，但最终同意死刑的票数却多达 360 票。这算怎么回事？

现在天渐渐黑了，持续一天的审判也接近尾声，让我们一起来听听苏格拉底的告别演说吧！

> 等我的孩子们长大以后，如果他们追求的不是优秀的人格，而是沉溺于财物或其他世俗之物，就像我过去责罚你们一样，请以同样的方式责罚他们吧！现在我该走了，我们就此分别，我去死，你们继续活着，而谁将去往幸福之国，只有神知道。

留给雅典朋友们的这些话深深地刻在了柏拉图的灵魂里。苏格拉底的死完全是一次政治事件，从儒教的角度来说，这是一场君子与追求世俗利益的小人之间的孤独对决；从基督教的角度来说，这是耶稣与外表华丽、内心腐烂的犹太宗教领袖们的孤军奋战。

在此与苏格拉底永别就太可惜了，幸运的是当时正处于庆祝期间。审判苏格拉底的前一天，一个使节团乘船去往得洛斯岛参加宗教庆典，在使节团返回之前死刑都禁止执行，于是我们有幸再次听到了苏格拉底从狱中发出的声音。

恶法亦法？

一直以来，我们的教科书为了强化法律的稳定性，主张“恶法亦法”，并且利用无罪的苏格拉底，创造了一个遵守恶法的神话。

苏格拉底临死前与弟子们的对话汇成了《克力同篇》。克力同是苏格拉底的老朋友，据说他做生意挣了很多钱，是苏格拉底坚定的支持者。

克力同在苏格拉底被执行死刑的前一天前往监狱，劝说他越狱逃跑。克力同不想失去朋友，他想出各种理由来说服苏格拉底，恳请他为还未长大的孩子们想一想：“作为父亲难道不应该活到孩子们长大成人吗？你的妻子又该怎么办？”

越狱对当时的雅典市民来说不是什么不名誉的行为，一旦有政变发生，政治家们都会亡命国外，等下一次政变时他们再回来。

关押死刑犯的监室里上演了少见的一幕，朋友劝苏格拉底越狱，他却坚持服毒自杀，并详细陈述了为什么一定要自杀，说明了自杀行为的正当性。真是天下少有……

我任何时候都坚持理性思考，按照最正确的原则生活，即使遵从这一原则的结果是被判处死刑，我也不会放弃我的原则。通过入狱、没收财产、宣判死刑来向我施加压力，就如同通过恐吓来说服孩子一样。我仍然会走我的路，众人的评判并不重要，重要的是正确地思考，昏昏噩噩地生活并不重要，重要的是要活得好、活得高尚、活得正当。

古人说，在积雪覆盖的原野上行走时每一步都要小心，因为后来者会追随你。我们的古人就是通过不断地学习和反省，塑造了仁爱的品格，苏格拉底也是一个为了正直生活而不断求索的人。引导苏格拉底走向真理的向导是他的理性，理性思考是指引他优秀、高尚、正确地生活的导师。

遵守国家的法律和法规是公民的基本义务，但是当国家的法律或法规出现错误时，公民有权提出异议。但是如果异议不被国家接受，又该怎么办呢？这里需要说明的是，当时的希腊人有权力选择在哪个城市生活，如果对自己生活的城市不满意，他可以搬往别处，并且不会因此遭受什么后果。

任何一个雅典人在对国家和法律感到不满时，都有权选择去往自己喜欢的地方，不管这个地方是我们的殖民地还是别的国家，而且雅典法律允许他带走自己所有的财产。

现在到了苏格拉底该服下毒药的时刻。他原本可以在法庭上提议判处流放，那样一来也可以像克力同劝说的一样亡命国外。但是，到了现在再回头来逃避死刑，其选择就前后矛盾，太过龌龊了。

审判的时候，我本来是有机会选择流放的，起诉者的本意也是要流放我，如果我做出这种选择，法庭会让我合法地亡命国外。但是，我为什么固执地不这么做呢？我的理性告诉我，放弃从事哲学的自由，还不如选择死亡。克力同，现在你又让我拒绝法庭的判决逃往国外，这是只有最卑贱的奴隶才做得出的事。

这是多么冷静的判断。现在苏格拉底对墨勒图斯、吕孔和阿尼图斯不再怀有任何私人的好恶，他在进行一场旷世的抗争。这一抗争并不是针对阿尼图斯等俗物，而是为了保卫“哲学的自由”而战。在这场神圣抗争的祭坛上，苏格拉底毫无犹豫地献上了一己之命。来吧，干杯，为了哲学的自由！

死亡让灵魂更自由

柏拉图在《斐多篇》中记录了老师苏格拉底在临死之前是如何向弟子们谈及死亡的，苏格拉底认为死亡是灵魂从肉身获得解放。他还说，哲学家应该按照自己的理性来指引生活，理性、正直地生活的哲人能够坦然面对死亡。

苏格拉底更进一步阐述，死亡是灵魂从肉身获得解放，而灵魂是理性的翅膀，它得以从令人厌倦的情欲之身获得解脱，这是一件多么令人欣喜的事情。

当时，雅典人病愈之后，都会向掌管医术的阿斯克勒庇俄斯[①]神敬献祭品表达谢意。苏格拉底在临死之前吩咐弟子们"向阿斯克勒庇俄斯敬献一只鸡"，以感谢这位神使他终于摆脱疾患之身，获得了灵魂的自由。让我们一起来听听，苏格拉底在喝下毒芹汁之前和弟子们谈了些什么。

"噢，西米亚斯，真正的哲学家是关注死亡的人，在一切世人当中，唯独他们最不怕死。他们时常

① 希腊神话中的医神，蓄着胡须，手持蛇杖。

和肉体抗争，希望净化自己的灵魂，当他们完成夙愿，到达哈迪斯（冥府）时，他们将摆脱令人厌倦的肉身，拥有自由的灵魂。如果在前往自由的世界时不感到高兴反而恐惧，不是很荒谬吗？如果他是一位真正的哲学家，一定会欢欢喜喜地前往那个世界。”

老师接着说：

“喂，克力同，你说的那些以各种借口来拖延服毒时间的人其实很好理解，因为他们认为延长自己的寿命哪怕一小会儿就得了便宜，但我并不认为拖延时间有任何好处。既然已经要死，还要纠缠不休，这只会让我自己都觉得可笑。所以，按我说的做吧。”

克力同向站在旁边跑腿儿的一个孩子使了个眼色，那孩子走出去，好一会儿后，又领着拿着毒药的行刑人进来，那人端着一杯配好的毒芹汁。

老师说：“请你教我应该怎么喝，毒才能迅速扩散？”

“喝下去之后，你就满地走，一直走到你觉得腿发沉，就过来躺下，毒性会自动发作。”看守说道。

“喂，看守，”老师非常泰然地和平常一样端起杯子，“我想倒出一滴向神表示感谢，行吗？”

“我们配制的毒药只够你喝的。”看守说道。

“我懂。不过我总该向神祈祷一番，请求他引领我顺利地到达那个世界吧。”

说着，他将杯子举到嘴边，平静地喝下去。我不由得哭了，我捂着脸哭，想到再也见不到老师，痛苦涌上了心头。克力同最先抑制不住哭泣，起身向外走去。阿波罗多洛斯早就在抽咽，老师一喝下毒药，他就开始痛哭了。只有老师一人保持平静。

“你们在干什么？”老师说，“你们太不应该了。我把女人们都撵出去，就是怕她们做出这种丢脸的事情来。人最好在安静中死去，你们要安静，要勇敢。”

听到这里，我们感到很惭愧，都止住了眼泪。他

走着走着，后来感到腿沉，就仰面躺下。老师躺下后，看守过来观察他的腿和脚，过了一会儿又使劲捏他的脚，问有没有感觉，老师说“没有”。然后看守又捏他的腿，告诉我们老师正渐渐僵冷，又对我们说“毒侵入到心脏，就是最后的时刻”。下半身都僵硬的时刻，老师把已经蒙上的脸又露出来，说了他临终前的最后一句话：

“喂，克力同，我还欠阿斯克勒庇俄斯一只鸡，记着替我还上。”

《斐多篇》平静地描写了一位哲人的最后时刻，这是纯洁而宁静的死亡。

柏拉图生前留下了约30本著作，他的著作大部分都是围绕着某些论题展开的哲学对话，因此被称为“对话篇”。按照年代的不同，这些对话篇可以分为前期、中期和后期三类，其中《苏格拉底的申辩》《克力同篇》《斐多篇》《飨宴篇》是属于前期和中期的对话篇。后来，西塞罗、普鲁塔克等著名的哲学家也将对话体引入到他们的哲学著作中，使其发展为一种体裁。

《苏格拉底的申辩》

公元前399年，因被控不信神和腐蚀青年，苏格拉底站到了法庭之上，他面对指控自己的墨勒图斯做了最后的申辩。目睹这一场面的柏拉图后来写出了《苏格拉底的申辩》一书。该书共分为最初的申辩、有罪判决后的申辩、死刑判决后的申辩三部分，被称为柏拉图的扛鼎之作。书中详细记录了苏格拉底被起诉、判决、执行死刑的全过程，描写了他坦然面对死亡的哲人风范。

《飨宴篇》

飨宴是雅典人彻夜饮酒交谈的宴会。一天，悲剧诗人阿伽松召开飨宴，斐德罗、帕萨尼亚斯、厄律克西马库、阿里斯托芬、苏格拉底展开了对爱神厄洛斯的赞美，最后以倾慕苏格拉底的阿尔西比亚德斯对苏格拉底的赞美结束。《飨宴篇》以阿波罗多洛斯向朋友们转述从参加宴会的阿里斯托德穆斯那里听来的故事的形式展开，主要内容是论述爱情的过程应该从追求肉体之美升华至追求灵魂之美，最终再到达对美本身的守护。

《克力同篇》

如果说《苏格拉底的申辩》记录的是苏格拉底如何为自己无罪辩护，那么《克力同篇》记录的就是苏格拉底的好朋友克力同，在苏格拉底被宣判死刑后前往监狱劝说他越狱的内容。本书中苏格拉底虽然没有说出“恶法亦法”这句话，但阐述了法律是社会的约定，即使并不正确，个人也应该遵守的道理。书中苏格拉底解释了自己选择死亡的理由，反映了苏格拉底的坚强信念和对生命的透彻审视。

《斐多篇》

本书以亲历苏格拉底监狱生活的斐多向艾克格拉底讲述经过的形式展开，柏拉图生动地描写了苏格拉底临终前的谈话以及他是如何面对死亡的。苏格拉底认为，死亡是灵魂从肉身获得解放，获得解放的灵魂在死后也将获得自由，即所谓“灵魂不死”。本书充满了对生命和死亡的深刻思考。

第2章

理想国的建设规划

柏拉图 Platon

柏拉图出身于名门贵族，具有卓越的思考能力，因为老师苏格拉底被诬告致死，他改变了自己的人生方向。因为再也听不到苏格拉底那激动人心的演讲，柏拉图放弃了政治家的梦想，开始致力于探索“怎样生活才是正确的人生之路”。不惑之年，柏拉图在雅典的密林中创办了自己的学院，他和弟子们探讨“正义”，构想建设“理想国”，并创作了《理想国》一书。

“我们建立共和国的目的不是为了某个特定阶级的幸福，而是为了建设一个所有人都能共享幸福的世界。”

研究柏拉图设想的由哲学家统治的理想国，会发现它是一个集智慧、勇气与节制于一身的正义化身，苏格拉底的身影仍依稀可见。

柏拉图是个出身名门贵族的大好青年，父亲是王族后裔，母亲来自著名的梭伦[①]的朋友——德洛皮德斯家族。柏拉图的表舅柯里西亚斯在三十僭主[②]统治时期是政界的实权人物。从这一点来看，柏拉图在年轻时就抱有从政的想法也是很自然的事情。这样一个家世好、体格健壮、容貌出众、具有出色学习能力的青年，突然放弃问鼎雅典的政治理想转而走上哲学之路，完全是因为他的老师苏格拉底。

柏拉图在 20 岁时与苏格拉底相遇，跟随他学习对无知的认识和论辩术。我们来看看柏拉图对论辩的痴迷程度。

---

① 梭伦（前 638—前 559），古代雅典的政治家、立法者、诗人，是古希腊七贤之一。

② 公元前 404 年，斯巴达国王吕西斯特拉图占领雅典时（或在伯罗奔尼撒战争之后），在那里建立了一个寡头政治的傀儡政府，处于斯巴达的保护下，称作"三十僭主"。

在听他讲话的时候，我的心脏疯狂地跳动，比舞蹈中的克力巴斯信徒的心脏跳得还要激烈，泪水夺眶而出。我看到除我以外，还有无数的人也陷入了这种状态。(选自《飨宴篇》)

因为老师的死，柏拉图迎来了人生的一大转变，其自身面临的政治威胁是一个原因，更主要的是他对雅典人的失望。如果与别人见面都是一件痛苦的事，我们往往会选择归隐山林或远走他乡。

柏拉图的离开是因为“雅典的肮脏使他选择放弃它”，此后他到访过地中海的多个城市，他的老师一辈子也没离开过雅典，而柏拉图在30岁的时候已经拥有国际视野了。他拜访过麦加拉的哲学家欧几里得、昔兰尼的数学家狄奥多罗斯、意大利毕达哥拉斯学派的皮罗拉奥斯，并远赴埃及目睹了守卫神殿的神职人员的生活。

不惑之年，柏拉图在雅典的密林中教授学生，开始了著名的“学院”教育。据说，他的大作《理想国》就是在学院与弟子们交谈期间执笔完成的。威尔·杜兰特在他的《哲学的故事》中这样赞美《理想国》：

《理想国》是对话篇中的杰作，是柏拉图思想的集大成之作，其本身就是一篇完美无瑕的论文。在这本书中，我们可以学习到他的形而上学、神学、伦理学、心理学、教育学、政治学、美学观点，能够发现共产主义和女性主义等符合现代人观念的论题，同时还涉及尼采主张的优生学和贵族主义，卢梭强调的回归自然和自由主义教育，柏格森[①]的生命的飞跃，以及弗洛伊德的精神分析。本书是毫不吝啬的主人为各路精英准备的飨宴。

现在，让我们也来加入柏拉图准备的思想飨宴吧！这个宴会的时间有些长，要做好熬个通宵的准备。感到乏味的人，神会将困倦送给你，那么你就好好地睡上一觉吧，等你醒来时，再精神百倍地一起来共享盛宴。

《理想国》的开篇

柏拉图的《理想国》以“克法洛斯关于人生的谈话”作为整本书的开篇。

① 亨利·柏格森（1859—1941），法国哲学家，曾获诺贝尔文学奖。

苏格拉底：当人们年老时，他们回想着喝酒耍闹、和女人一起嬉戏的过去，总是叹息再也无法享受年轻时的快乐，仿佛失去了至宝，他们怀念失去的青春，沉浸在悲哀中。

一次，我遇到了诗人索福克勒斯，一个朋友问他："索福克勒斯，现在你还追求女人吗？"他说："你呀，别再提了，我已经解脱了，谢天谢地，就如同从暴君手中脱身一样。"人老了，不再有欲望和激情，变得心平气和，到了清心寡欲的时候，我就觉得索福克勒斯的话说得在理。

人越临近死亡，就越会产生以前没有的担心。原来还将哈迪斯的故事看作无稽之谈，死亡来临的时候，就会认真地思考那个世界的事情。（中略）做过很多坏事的人，就像小孩子从梦中吓醒似的，总是生活在不安之中，但问心无愧的人，会愉快地度过余生。

怎样活着才是问心无愧的人生？《理想国》的开篇提出了这样一个问题。《理想国》是怎样一本书？简单来看，它像是一本研究理想的政治制度的政治学书籍，又像一本培养理想人才的教育学书籍，也像一本展示柏拉图哲学思考的哲学书，更像一本主张只有废除私有财产才能遏制腐败的政治经济学书籍，同时，《理想国》的最后一章描绘了对另一个世界的认识，又宛如柏拉图的遗嘱。《理想国》的谈话内容十分庞大，我们很难分辨出作者真正的写作意图。

然而，当我们读到《理想国》开篇出现的文字，上述克法洛斯的谈话时，就不难理解柏拉图的“意图”了，《理想国》是一本探讨正确的人生道路的书。年轻时因情欲驱使过着放荡的生活，在死亡面前害怕发抖的人，他们的人生是失败的人生。相反，年轻时过得问心无愧，即使死亡临近也能心平气和的人，他们的人生就是成功的人生。“正确的人生”是什么？这就是柏拉图抛给人类、贯穿整部《理想国》的问题。

> 您说得好极了，克法洛斯。但是您说的正义究竟是什么？按照您的说法，正义就是实话实说、借了东西照旧归还吗？

现在我们看到的就是苏格拉底著名的“助产术”，他的对话篇看似简单却深奥难解的原因就在于此。所谓“助产术”就是指出对方逻辑中的矛盾之处，引导他进行正确思考的辩论方法，而不是给他提供合适的论据，告诉他现成的观点。苏格拉底只是一味地反驳，不给对方肯定的回答。助产士只是帮助孩子出生的人，不是生孩子的孕妇，同样，苏格拉底只是帮助他人迈向真理的助产士，而从不直接揭示真理。因此，苏格拉底会令我们感到郁闷，他只是说你的逻辑有错，却从不进行任何正确的提示，这个老头还真可恶！

我的人生是正确的吗？怎样生活才是正确的？玻勒马霍斯这样理解：

玻勒马霍斯：给朋友以善、给敌人以恶的人，可以称为正义的人吗？

这也是错的。给朋友以善、给敌人以恶的人是军人，将正义的军人误认为是正义的人，这是逻辑转换，应该称之为合成谬误。苏格拉底继续追问：

苏格拉底：从健康的角度来说，对朋友和敌人最有帮助的人是谁?

玻勒马霍斯：当然是医生。

苏格拉底：是吗？对于健康的人来说，医生是没有什么用的。把对于健康的人没有任何帮助的医生称为正义的人，这不荒谬吗?

正义是强者的利益吗?

现在对苏格拉底的反驳术感到恐惧的人物登场了，他就是著名的色拉叙马霍斯，叫嚷着“正义是强者的利益”，一个非常直率的人。

色拉叙马霍斯：听着！正义就是强者的利益，不是别的什么。统治者为了自己的利益制定法律，并宣布法律对被统治者也是“正义”的。

色拉叙马霍斯也陷入了苏格拉底的逻辑之中。苏格拉底沉着地继续追问：

苏格拉底：医生是挣钱的人，还是治病的人？

色拉叙马霍斯：是治病的人。

苏格拉底：船长是水手的领袖，还是只关心自己安全的人？

色拉叙马霍斯：是水手的领袖。

苏格拉底：匠人的技艺都能惠及他人，是不是？

色拉叙马霍斯：是的。

苏格拉底：那么，统治者的统治手段对被统治者来说不也会产生利益吗？

可怜的色拉叙马霍斯，不再管什么逻辑、论辩、论术，而是向苏格拉底劈头盖脸地发表了一通高谈阔论，两人的对话到此结束。

理想国的建设规划

柏拉图提议，如果从个人的角度无法定义“正义”，那么就从国家的角度来考察一番吧！寻找正确人生之路的思想飨宴，进一步发展成为建设“正义国家”的设想，我们跟随柏拉图成了建立“国家”的规划者。这和今天为了寻求“职位”

而在图书馆里挑灯苦读的年轻人是截然不同的。

柏拉图生活的时期，一个城邦的人口少则5000，多则1万。在这里我们需要注意的是，城邦的人口只是指成年男子的数量，因此1万人的城邦意味着居住有4万名左右的男女老少，如果再加上奴隶的数量，人口将超过10万。

柏拉图从理论上阐述了城邦的理想状态。在这个世界上，人最想尝试的创造性的工作有三种，其一是写小说，其二是创立一门宗教，其三是建立一个理想国家。柏拉图在创作《理想国》的同时，既写了小说，又创立了宗教，还建立了理想国。下面，让我们也像柏拉图一样尝试着建立一个美好的国家吧！

那么，让我们从理论上先来建立一个国家吧！建立国家要满足我们的所需，在众多的所需中，最重要的是生存的食物，其次是房屋，然后是衣服。这么说来，国家一定需要农夫、木匠和纺织工。

我们知道，柏拉图被称为唯心主义哲学的鼻祖，而马克思被称为唯物主义哲学的巨匠，我个人认为这其实是我们一直以来的偏见。马克思历时20余年撰写《资本论》，说明他十分重视人的精神生活所具有的意义，而柏拉图的理想国建设规划从本质上来说是彻底唯物的。人类历史发展的第一前提是什么？就是生产生活必需品的人类劳动。柏拉图正是从这一人类劳动中寻找建立国家的基础的。

这些生产者在工作中创造出来的产品的一部分要作为共同的财物贡献出来。看来我们这个小国家还需要铁匠和其他的匠人，还要有牧牛人和牧羊人。

东方思维和西方思维在本质上是不同的。对东方人来说，善是善良的行为，而对西方人来说，善是好的东西。如果说，对东方人来说，善是指人际关系的特点，那么对西方人来说，善就是好的物品。柏拉图哲学中不断被提及的“德”，对东方人来说，它是仁爱之心的政治体现，决定着统治者和被统治者的政治关系，而对于西方人来说，德是指匠人制造好物品的技艺。

人们需要生产粮食、葡萄酒、衣服和鞋子，还需要盖房子。夏天可以光脚，干活的时候也可以光着脚，冬天则要穿衣服、穿鞋子。吃饭的时候，他们将小麦、大麦磨碎，烤制出高级的糕点，放在芦苇叶或干净的叶子上，无比丰盛。

听起来真是令人神往。人类什么时候是这样生活的？公元前的荷马时代和夏、殷、周时期的人可能就是这样生活的。柏拉图描述的朴素的生活共同体和老子的“小国寡民”十分类似。

现在我们不仅要建立一个满足简单生活的国家，还要建立一个奢华的国家。这样一来，就需要豪华的寝床、餐桌，还有华丽的香水和香料、娇艳的歌伎，对了，照顾孩子的奶妈和保姆、侍女、理发师和厨师也是必不可少的。

柏拉图记述的正是阶级社会的产生过程，一位贵族的奢华生活需要付出十个奴隶的牺牲；为了维持这个社会，军队出现了；为了维持军队，又需要缴纳赋税、制定法律、创制文字、创建社会大众遵从的理念……这就是所谓的国家的诞生。

哲学家的培养

> 军人应该敏捷而有力量，对敌人凶猛，对自己人温和，我们的护卫者应该具有这两种相反的品格。

对敌人凶猛，对自己人温和的军人，才是国家的护卫者。城邦是军人共同体，外敌入侵的时候，所有的市民都要全副武装杀向战场。一直到荷马时代，只有贵族才有财力装备铠甲，因此《伊利亚特》和《奥德赛》完全是个人的英雄赞歌。铁制兵器的大量生产是结束荷马的英雄时代、开启城邦的民主时代的物质动力。现在一两个英雄决定战局的时代已去，一两千名战士的团结决定战局的时代到来了。这是一个战斗结束后纷纷表白战功的时代，一个集体荣誉和个人荣誉并重的时代。柏拉图在正义国家的建设中之所以如此热衷于培养勇猛的护卫者，与当时的时代背景是密不可分的。

> 那么，让我们像神话中那些从容不迫地讲故事的

人一样，来讨论一下怎样教育这些护卫者。怎样才算是最好的教育呢？有锻炼身体的体育训练，还有塑造心灵的诗歌朗诵。

上午唱歌、背诵诗歌，下午做操、跳舞……均衡全面地锻炼身体、陶冶心灵，这种教育模式不是柏拉图最先提出来的，实际上柏拉图自己从小就是这么长大的。

人难免有疏忽的地方，柏拉图在谈到儿童教育的时候，主张实行审查制度。文学和艺术具有教育功能，同时具有令人愉悦的功能，在这一前提下，柏拉图的审查制度无疑是一种过分严肃的艺术观。他主张只能向孩子们讲述具有道德教育意义的故事，令人感觉有些强迫症的倾向。柏拉图向希腊人永远的导师——荷马发起了挑战，这是哲学向诗歌发起的挑战，也是《理想国》的另一条主题脉络。

首先来探讨一下诗歌吧！故事有两种，一种是真实的，一种是虚构的，我们不能放任大人们将编造的故事随意地讲给孩子们听。我们应该监督作家，禁止丑化神和英雄，诸神之间发动战争、明争暗斗的故事也不行，应该经常给孩子讲一讲有关德的故事。

审查制度是对自身的失败采取的卑劣的报复手段。不管荷马对大众的影响有多深，柏拉图主张对荷马的诗实行审查，就等于承认了自己的失败。作为一个可以尽情享受思考和表达自由的哲学家，主张在诗人的嘴上套上笼头，这一行为只能称其为卑劣。他居然忘了自己的老师就是为了思想的自由而选择死亡的。

职务具有十分重要的价值。统治者为了国家的利益可以说谎，但老百姓是绝不能说谎的，就好比医生可以对患者说谎，患者绝不能对医生说谎。

柏拉图的脸皮真够厚的，居然在规划正义国家的文章中若无其事地提出这样的言论。他说，造物主在开天辟地造人时，就将人分为了三类：身上加了黄金的人、加了白银的人和加了铜铁的人。加了黄金的是统治者，加了白银的是护卫者，加了铜铁的是生产者。每个人都按照造物主的旨意恪尽职守，才能建立正义的国家。可见，伟大的思想家也无法超越自身的时代局限。

让我们再来了解一下柏拉图是怎样实施教育的。在这个国家里，年满 10 岁者都要接受教育，10 岁的男孩女孩要离开父母前往乡下的集体宿舍，接受前面提到的诗歌教育和体育教育。这里的体育教育实际上就是军事训练，如跑步、投掷标枪、摔跤等为了应对战争的体力训练。

到了20岁，要进行资格考试来选拔合格的护卫者，被选中的候选人需要接受特殊的再教育，学习算术、几何和天文学。这些科目都是为了培养战斗指挥官而设置的，排兵布阵、带兵打仗都需要这些知识。

30岁的时候需要再次考试，合格者将接受5年的哲学教育，其实20岁的时候学习算术、几何和天文学也是为了培养抽象思维实行的预备哲学教育。整体看来，柏拉图的教育过程都是为了培养少数的统治者候选人设置的。在成为哲学家统治者候选人之后，还需要经历一个漫长而艰难的过程，那就是到民众之中去，各种考验和诱惑在等待着他。完成15年的锻炼后，年满50岁的时候，他才能拥有成为哲学家的资格。

共享幸福的世界

> 朋友共有一切。任何人都不能占有生活必需品之外的私有财产，如果私自占有房屋、土地和金钱，就应该放弃统治者的地位。

这就是著名的统治者公有制。朋友共有一切，向军人一样共同吃饭、共同生活，禁止任何私有财产，就像今天的天主教神父一样，没有私人的东西。

柏拉图向统治者阶级提出的公有制规范对我们有很大的启示。柏拉图并没有向一般市民、生产者们提出“禁止拥有私有财产”的要求，他要求统治者禁止拥有私有财产，因为统治者应该追求公共利益，这和私有财产是相互对立的。

> 我们建立共和国的目的不是为了某个特定阶级的幸福，而是为了建设一个所有人都能共享幸福的世界。

“我的一生都在全心全意地为人民服务，我即将离开这个世界，唯一的遗憾是不能再为人民服务了。不要举行盛大的葬礼，以免浪费人民的时间和金钱。”越南革命家胡志明的遗嘱才真正称得上是柏拉图所谓的统治者的遗嘱。

饱受诟病的共妻制

即使朋友可以共有一切，但共有妻子是不是太荒唐了？

现在来讨论一下著名的共妻制。柏拉图提出的统治者公有制有付诸实践的价值，但是“朋友共有一切”这一观点发展到极致，就衍变成可以共妻、共子的“共妻制”了。没有我的妻子、我的孩子，只有男性哲学家和女性哲学家，今天和你同床共寝的人就是你的伴侣。严格地说，这不应该译为“共妻制”，应该叫“夫妻共有制”。

为了追求理论的统一性，柏拉图超越了人的底线。禁止私有财产是不错，但夫妇共有就有些过分了，这是在提倡换妻游戏吗？今夜和谁同床共寝，围绕这一问题，势必发生流血事件。柏拉图提议可以按照内定的抽签规则，给勇猛的人提供漂亮的女子，这样才能生出优秀的子女。真是荒谬，禁止私有财产者一来二去成了提倡繁殖优秀基因的种族主义者。柏拉图还提出了女性主义观点：

> 如果向男性提供诗歌和体育教育，也应该向女性提供诗歌和体育等与战争相关的教育。

就像电影《亚历山大》中所描写的一样，希腊人的体育教育就是军事训练。问题的关键是这种体育教育是裸体进行的，裸体摔跤、裸体跑步、裸体投掷标枪……这样一来，柏拉图提议女性应该像男性一样接受体育教育，就要面临一个头痛的问题。但是，理论必须拒绝向现实妥协，柏拉图为了他的理想国，认为将“男女裸体”视为丢脸的观念不过是人类刚刚形成的风俗习惯而已。

重要的是柏拉图提出了男女平等的思想，古代思想家中很少有人能像柏拉图一样始终坚持男女平等的主张。追求绝对自由、完全放弃的释迦牟尼，在他的修行场所中女性是禁止出入的，《论语》则将女性和小人一起视为难以相处之人。释迦牟尼和孔子都厌恶沉湎于性，他们对性的贬低最终衍变为对女性的贬低。柏拉图的男女平等思想是贯穿始终的，他认为男女有力量上的差异，但没有本质上的差别。虽然在战斗能力上男性显示出比女性优越的力量，但女性同样也能参加战斗。同理，女性也可以参与统治管理。

> 因此应该选拔这种女子和男子生活在一起，共同担负护卫国家的职责。一个国家能够造就出类拔萃的男人和女人，还有什么事情比这个更好吗？

对于柏拉图来说，理想国建立的核心在于培养理想的统治者集团，他设想让哲学家成为国王或者让国王成为哲学家。现在，理想国的雏形形成了，所有的生产者都专注于自己的工作，为自己的技艺而骄傲，并忠实地服从统治者的领导。市民学习并遵守节制欲望的法律。接受过教育的护卫者勇猛杀敌，温和地对待自己的同胞。领导整个国家的任务交付给擅长哲学思考的哲学家集团，他们不为任何私利所驱使，为国家的共同利益而献身。就像苏格拉底生命中所体现出的节制、勇气和智慧一样，只要每个人都忠实于自己的职责，我们就可以拥有“苏格拉底式的”理想国家。“优秀、高尚、正义的国家”万岁！

洞穴寓言

> 这里有一个地下洞穴，洞穴中关押着囚犯。他从出生开始就被捆住双臂和双腿，只能面向墙壁而居，

就连脖子也被锁住，不能环顾。囚犯身后的上方有火把在燃烧，在火光中他只能看到自己的影子。

这是柏拉图《理想国》中令人印象最深的“洞穴之喻”。听起来都觉得阴森可怖的地下洞穴就是我们的现实世界，我们是生活在洞穴中的囚徒，被缚住手脚，连脖子都不能自由活动的囚徒就是你。

在囚犯和火把之间，设置了一堵矮墙。想象一下墙后有人在表演木偶剧，他们举着用石头、木头做成的动物木偶、人形木偶从矮墙后走过。在火光中囚犯只能看到木偶的影子，却无法看到木偶，表演木偶剧的人在念台词的时候，囚犯以为是木偶的影子在相互交谈。

囚犯误以为映在高低不平的墙面上的黑漆漆的影子就是实物本身。那个囚犯就是你。

现在打开束缚囚犯的锁链，让他看看真正的木偶，告诉他一直以来他在墙壁上看到的只是木偶的影子。囚犯一定会疯狂，一辈子只知道有影子存在的囚犯会固执地认为影子比实物更真实。

囚犯偏执地认为实物的影子比实物更真实，你也一样。在这里，柏拉图告诉我们，要怀疑一直确信是真理的所有观念。怀疑一切，这是哲学的开始。

现在拉着囚犯的手通过陡峭的通道往洞穴外走。当囚犯第一次暴露在灿烂的阳光下，他的眼睛一定无法适应明亮的光线，什么都看不见，他若想分辨出地上的事物，还需要适应相当长的时间。

这里所说的适应是指哲学思维训练。没有人生来就是哲学家，要想成为哲学家，至少需要 5 年的训练，即哲学思维训练。

习惯了黑暗洞穴的囚犯，他只看到过实物的影子。许久之后，他能看到湖水中树木的倒影，然后看到夜空中的月亮和星星，最后在白天能看到太阳。太阳创造了四季和岁月，主宰着世间万物，它才是万物之源。

柏拉图在洞穴之喻中周密地设置了自己的哲学概念。洞穴内是现实世界，洞穴外是理念世界，夜空中的月亮和星星是理念的月亮和星星。最终，看见太阳就是看见了理念的太阳。作为万物之源的太阳的理念，是什么呢？

两种划分方法

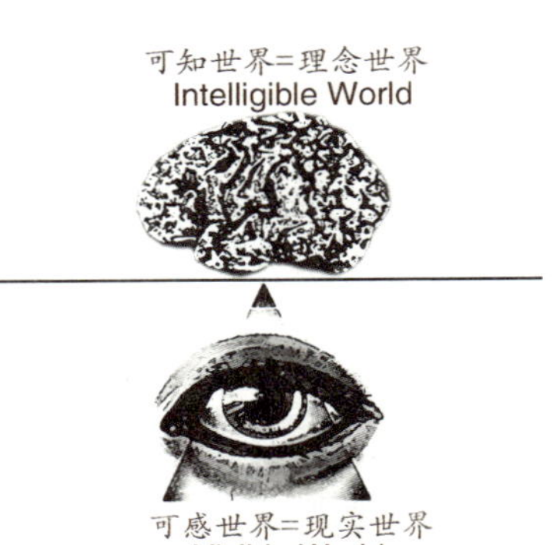

现在我们从概念上再对洞穴之喻做个总结。先横着画一条线，柏拉图的世界是个二元的世界，线的下面是人的耳目能感知的“可感世界”，线的上面是人的理性认知的“可知世界”。世界分为可感世界和可知世界，这是柏拉图著名的二元存在论。什么是存在论？英语叫 ontology，希腊语的“on to”就是英语“to be”的意思。对于存在事物的哲学认识就是存在论，用东方的观念来说，可感世界就是形而下的世界，可知世界是形而上的世界。

再竖着画一条线，左面是存在世界，右面是意识世界。认知可感世界的是人的感觉，认知可知世界的是人的理性。将人的认知能力分为感觉和理性就是柏拉图的二元认识论。哲学家的理性是对存在于可知世界的理念的认知。对柏拉图来说，存在于生与死的命运之中的可感世界是虚假的，只有理念世界是真实的。

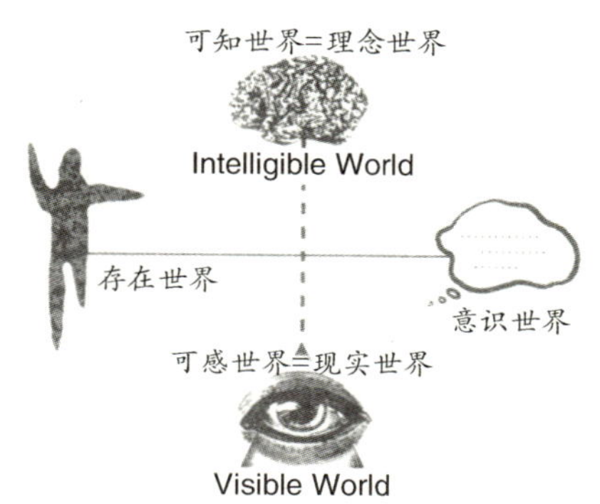

相对论是宇宙理念？

爱因斯坦的相对论不就是柏拉图探求的宇宙理念吗？一直以来，我们都认为时间和空间是两个不同的维度，而按照爱因斯坦的理论，宇宙是个四维时空世界，空间随着时间轴而膨胀。

时间和空间随着物体的运动速度发生变化，在接近光速的超高速飞行体中空间会缩小，随之长度也会缩小。如果设光速为 C，物体的运动速度为 V，那么就将缩小 V^2/C^2。在以每秒 20 万公里的速度运行的飞行体中，我的身高将缩小九分之四

$\left(\frac{20^2}{30^2}=\frac{4}{9}\right)$，一米八的身高，缩小 80 厘米，将变成一米。在每秒 30 万公里的飞行体中，我的身高将变为零，也就是消失了。物质是不灭的，所以我们是达不到光速的。

为了达到光速，需要提供额外的能量，而能量将转化为物体的质量。质量增加，需要提供更多的能量，更多的能量再次增大物体的质量，想要提高速度，需要提供更多的能量……因此我们是无法达到光速的。

那么，有多少能量可以转化为质量呢？这一问题的答案就是著名的狭义相对论公式，有 E/C^2 的能量转化为质量，即$E=mc^2$。

按照爱因斯坦的理论，在超高速的飞行体中，质量增加，空间缩小，时间变慢。这就好比说，国华和亲爱的冰冰相约 5 年后结婚，然后开始了太空旅行。他按照约定 5 年后回来找冰冰，可是天哪，冰冰已经整整等了 50 年，成了没牙的老奶奶了。冰冰埋怨国华，让他赔偿青春，但让国华和老奶奶结婚也太冤了。

谁的时间是正确的呢？是国华的飞行器时间，还是冰冰的地球时间？两者都不是。他们不知道快速移动的物体质量会增大，空间会缩小，时间会变慢。爱因斯坦笑着说，时间和空间不是绝对的，而是相对的，它们随着运动的坐标系而变化。噢，时空的理念真是美妙！

有相遇就有分离，到了我们该再见的时候了。从克法洛斯的谈话到色拉叙马霍斯的论辩，柏拉图真实地再现了苏格拉底生前的故事，但是后面有关建立理想国的长篇大论大概就是柏拉图自己的想象了。《理想国》并没到此结束，滔滔不绝的思想大家柏拉图又将我们引向了政治体制比较研究的领域，但是我们的耐心就到此为止了。

斯巴达式的政治体制如何，寡头政治体制如何，民主政治体制又如何……对话无休无止。在创建理想国时，柏拉图主张对诗人实行审查制度，在建立理想国的过程中又主张“驱逐诗人”，也许是他自己也觉得有些过分了，在建成理想国后，柏拉图转而又大度地呼唤荷马来到他的国家。完成建设理想国任务的柏拉图，是不是太过疲惫了？在最后的聚会中，他发出了这样的呓语：“我想去往灵魂之国，我去了，越过忘川水，越过勒忒河……”

《理想国》

柏拉图最伟大的巨作，该书共 10 卷，涉及形而上学、神学、伦理学、心理学、教育学、政治学、美学等哲学的几乎所有领域。内容包括关于“正义”的讨论（第 1 卷），国家的概念（第 2 卷），对国家护卫者的教育观（第 3 卷），统治者、护卫者和生产者在国家中的地位和作用（第 4 卷），统治者集团的规范、共妻制、男女平等、哲学家做统治者的必要性（第 5 卷），哲学家追求的生活、喻为太阳的善的理念、可感世界和可知世界的划分（第 6 卷），洞穴之喻（第 7 卷）等，另外还有各种政治体制的比较、“诗人驱逐论”等诸多内容。

在该书中柏拉图追求正义的人和国家，主张应由正义的哲学家来治国。从今天的角度来看，虽然不利于民主政治，有值得批判的内容，但仍然是一本给托马斯·莫尔、马克思等后世西方思想家带来巨大影响的经典之作。

第3章

脱离苦海

释迦牟尼Buddha

对死亡的恐惧来自于哪里？在漫长的岁月中，最吸引释迦牟尼的话题就是生老病死。死亡本身并不可怕，可怕的是“我的消亡”，像世间万物都会消失一样，人的生命也会消失。佛经中说，色如聚沫，受如水泡，想如阳焰，行如芭蕉，识如梦幻。

洞察生死的智慧宝典《般若心经》说，世界原本是一个整体，就像溪水、河水、海水都是水，迎春花、金达莱、牡丹都是花一样，色即是空，空即是色，所有的执著都是无意义的。抛弃对我的执著，消除内心的恐惧和意念的侈想，最终将到达涅□之境。“揭谛揭谛，波罗揭谛，波罗僧揭谛，菩提娑婆诃”。（去吧！去吧！到彼岸去吧！大家都去吧，终将觉悟！）

从前有一个叫高沓美的女僧。高沓美原本是穷人家的女儿，嫁给了一个有钱人，丈夫很爱她，家庭也很和美，后来有了孩子，高沓美的家庭更幸福了。但是幸福的家庭并不总是幸运的，可爱的儿子刚刚会走的时候便得病死了。

高沓美的悲痛难以言表，她抱着渐渐冰冷的儿子痛哭着，不知道该怎么办。她抓住每一个人，求他们救救可爱的孩子，但是已经僵硬的孩子怎么可能救活呢，大家只能流下同情的泪水。高沓美流浪街头，她疯了。

一天，释迦牟尼的一个弟子叫住她说："大姐，孩子病得太重了，世间的医生都没有办法。只有一个人能治好你孩子的病，他现在正好在祇园精舍。"

没等那个弟子的话说完，高沓美就拼命向祇园精舍跑去，她哀求释迦牟尼救救孩子。释迦牟尼静静地听完女人的话，温和地说：

“女人，孩子的病很好治，只要吃上五六粒芥菜籽就行。你到街上去讨来吧！”

高沓美听了，觉得很简单，急忙站起身来往街上跑。释迦牟尼叫住她，吩咐道：“但是，女人，你一定要去从没举行过葬礼的人家，就是说从没死过人的人家讨芥菜籽才行。”

高沓美救子心切，她没有多想就跑到街上去了。奇怪的是，没有一户人家不愿意给她芥菜籽，但是只要她一问家里死过人吗，没有一户人家说没有。她找遍了城里的所有人家，没有找到一户没死过人的。

高沓美觉得很奇怪，但慢慢地她明白了：“人生来没有不死的，没有人家没体会过生离死别。可爱的孩子，尊敬的父母，家中的支柱——我的丈夫，他们都会死，我一样也会死。”

一刹那间，高沓美觉得一阵战栗，她再没有勇气去讨芥菜籽了，在她的心中法眼已开。于是她将已经抱了几天的儿子尸体掩埋了，回到祇园精舍，跪在了释迦牟尼面前。

请看恒河的水波

宗教是死亡的文化。生老病死无可避免，任何人都要经历出生、衰老、疾病和死亡。对死亡的意识总伴随着恐惧，因为谁也没有去过死后的世界，那个想去不能去最终又必将要去一次的世界，我们的恐惧就来自对它的无知。只要存在着死亡，存在着对死亡的恐惧，宗教就是永恒的。

佛教是死亡的宗教。人都执著于生命，但就像世间万物都会消失一样，人的生命也会消失。佛经中说，色如聚沫，受如水泡，想如阳焰，行如芭蕉，识如梦幻。

> 弟子们，看一下恒河的水波，那里有一个漩涡。但是，再看好，漩涡是不存在的，它不过是不断变化着的河水瞬间的形态而已。

只看到一时的表象是错误的。释迦牟尼说，就像天空没有主人，风没有主人一样，人的身体和心灵也是没有主人的。《金刚经》中这样说：

须菩提，若有人还在念及自我，就不能称之为求道者。

因此，对死亡的恐惧并不是来自对死亡本身的恐惧，而是来自对“我的消亡”的恐惧。世间独一无二的“我”有一天会消失，什么时候想来都是一件奇异的事，对于陷入这一疑问的人，佛说要放弃“对我的执著”。16 岁的栗谷李珥[①]在母亲申师任堂去世后守孝 3 年，离家进金刚山学禅；许筠[②]在失去尊敬的兄长许篈和姐姐许兰雪轩后，在官衙中供奉佛像参拜，皆因佛教是战胜死亡的方法。

佛认为世界为“空”。人们将你我分开，人和动物分开，死的和活的区分开，这个分辨的世界是“色”的世界。但是你和我都是同样的人，人和动物都是一样的生命体，活的和死的都是一样的存在。

春天怒放的迎春花、金达莱和映山红彼此是不互相区分的，金达莱不会嫉妒迎春花，牡丹花也不会讨厌迎春花，它们不卖弄漂亮的枝叶，也不为落叶而伤心。等待牡丹的开放，感时伤春的只是人而已，为落叶的枯萎惆怅的也是人，分辨的世

---

① 李珥（1536—1584），朝鲜李朝哲学家、政治家、教育家。字叔献，号栗谷、石潭、愚斋，世称栗谷先生。其母姓申，号师任堂，是精通经书、诗文、书画的女文人。

② 许筠（1569—1618），字端甫，号蛟山、惺所、白月居士等，朝鲜李朝中期著名文人、学者。

界和分辨的意识，这就是色。

世界本为一，溪水、河水和海水都是水，迎春花、金达莱和牡丹都是花。色是空，将空视为色的是人，是人的分辨意识。放弃对自我的执著正视这个世界，色就是空，色只是表象而已。溪水、河水和海水都是水，迎春花、金达莱和牡丹花都是花，色即是空。

色即是空

释迦牟尼的教诲并不难，就是放弃执著。因为执著，人生才有痛苦，放弃执著，痛苦之源就消失了。一旦领悟了的话，就会觉得佛教的教义并不深奥，也不神秘。所谓色即是空，就是让我们放弃执著，佛经中通过各种故事阐述了这一点。释迦牟尼这样说：

> 看，一切都在燃烧。人的眼在燃烧，耳在燃烧，舌在燃烧，身体在燃烧，心在燃烧，一切都在燃烧。贪欲之火在燃烧，愤怒之火在燃烧，愚蠢之火在燃烧。

释迦牟尼传授的并不是什么离奇的观念，他只想克服人的痛苦，努力解决现实问题，补陀芭罗和释迦牟尼的问答很好地再现了释迦牟尼现实的思考态度。

补陀芭罗：世尊，世界是永生的吗？

释迦牟尼：补陀芭罗，我不说。

补陀芭罗：那么，世界是无常的吗？

释迦牟尼：我也不说。

补陀芭罗：那么，世界有尽头，还是无尽头？

释迦牟尼：我也不说。

补陀芭罗：人死之后还存在吗？

释迦牟尼：我也不说。

补陀芭罗：世尊，这些你为什么都不说呢？

释迦牟尼：补陀芭罗，因为无正解，不合法度，与修行无关，也不能引领你断绝执著，去除贪欲，获得智慧，最终涅槃。

补陀芭罗：那么，世尊可说什么呢？

释迦牟尼：补陀芭罗，我说痛苦，说痛苦之源，说痛苦的消灭和消灭痛苦的方法。

《金刚经》中用木筏的比喻，阐明了执著的愚蠢。释迦牟尼说：

弟子们，我举个木筏的例子让你们来舍弃执著。有一个人在长途旅行中想到达对岸，他说：“此岸危险，彼岸安全，让我来做个木筏往彼岸去吧！”他做了木筏，安全地到达了彼岸，然后想：“这个木筏为我立了大功了，扔掉不是太可惜吗？我在头上顶着它走吧。”

现在让我们来听一听许筠一边思念着貌美如花的姐姐兰雪轩，一边敲打着木鱼的念经声吧，他念的一定是引导我们“到达彼岸”的《摩诃般若波罗蜜多心经》。

无智亦无得

“摩诃”在梵语中是“伟大”的意思，“般若”意为“智慧”，“波罗蜜多”意为“到达彼岸”。用伟大的智慧到达彼岸的《般若心经》是这样开始的：

“观自在菩萨，行深般若波罗蜜多时。”

佛、佛陀是谁？佛陀是“悟道者”。菩萨、菩提萨埵是谁？是“虽然悟道，但放弃涅槃，与众生一起生活者”。

佛门大师教诲说，众生无法通览浩瀚的佛教经典，就每日口念咒文吧，咒文就是“南无阿弥陀佛观世音菩萨”。阿弥陀佛是主宰西方净土的佛，观世音菩萨我们非常熟悉，他立志直到众生都得以解脱才成佛，“南无”意为“皈依”，即英语“rely on”的意思。因此“南无阿弥陀佛观世音菩萨”就是“皈依阿弥陀佛和观世音菩萨”，算是一种信仰的告白。

《般若心经》中的“观自在菩萨”译自梵语“Avalokiteshvara”，和“观世音菩萨”同义。观自在菩萨拥有大慈悲，洞察世事，将世上的一切，即五蕴，都视为空，能救助所有的苦难。这句话是《般若心经》的开始，也是《般若心经》的要谛。佛教中的五蕴是指色蕴、受蕴、想蕴、行蕴、识蕴。西方哲学将世界二分为物质和精神，与其相比，佛教从更多的角度关照了人的内心。

照见五蕴皆空，度一切苦厄。

舍利子是释迦牟尼出众的弟子，他和目犍连都是释迦牟尼最早的入室弟子，石窟庵[①]入口右侧的第一尊佛就是舍利佛，左侧的第一尊佛是目犍连。现在我们朗诵的《般若心经》无疑是人类创作的文本中最深奥且最简洁的文章，它将宛如八万《大藏经》般卷帙浩繁的释迦牟尼教义浓缩为260字。如果一辈子都读不完10本佛经的话，那么就好好研读一下《般若心经》的这260个字吧！

舍利子，色不异空，空不异色，色即是空，空即是色。

读大学的时候，一个迷上佛教的朋友给我讲过一件非常神奇的事情。他说，自己正在修禅，尝试着让灵魂脱离肉身。只要达到天眼通、天耳通、他心通、宿命通、神足痛、漏尽通这六通，就可以随心所欲地改变世界——真是让人不寒而栗。天眼通可以透视肉眼无法看见的东西，天耳通可以听见人耳无法听见的声音，他心通可以知悉他人的内心，宿命通可以知晓宇宙和前尘往事，神足通就是用缩地法自由飞行，漏尽通可以随

① 韩国著名古迹。

心所欲地断尽烦恼。朋友说他修行佛法就是为了达到这六通的境界。

我为了了解佛教，也去过南山上的大圆精舍。法事结束后，我请教“色即是空”是什么意思。现在想来那位师父好像并不愿意给我什么指点，也许是师父不够热情，也许是我不够谦逊，两者居其一吧。

受想行识，亦复如是。

其实《般若心经》已经作了说明。何谓“色”？宇宙的森罗万象、世间的一切即为色。《般若心经》告诉我们，人的受想行识就是色。那么，什么是空呢？理解空的捷径是正确地定义何为色。

“色”是颜色吗？如果说“色”是颜色，那么“空”就是“无色”了。“色”是红叶吗？如果“色”是红叶，那么“空”就是落叶了，所以不是。

英文版的《般若心经》将“色”译为“form”，那么“空”就应该是“formless”了，但是英文版的《般若心经》中将“空”翻译成了“empty，void”，这前后是不符的。

现在房间里很安静，你举起手敲一下门，会有声音，接着又静下去了。如果说“声音”是“色”的话，“安静”就是“空”。那么，事物产生之前的状态以及消失之后的状态是

“空”吗？好像不是，这应该是老子说的“虚”。“空”到底是什么呢？

舍利子，是诸法空相。

什么？现在我们探讨的是佛教的“法”，然而这个“法”能称为“空”吗？前面把“人的受想行识”都称为“空”，这里连“诸法”也称为“空”了。说来也是，“诸法”是用语言来表现的，语言是人类意识作用的结果，如果说人的感觉、念想、意识都是“空”的话，我们思考“诸法”的“意识活动”就是“空”，结果“诸法”也应该是“空”。

不生不灭，不垢不净，不增不减。

什么？这说的有些过了，不生也不灭吗？哪里有这样的世界？宇宙万物都自有其产生和消亡的命运，连太阳也是形成于100亿年前，并会在50亿年后灭亡。所有的恒星都是在氢气核聚变的作用下形成的，进入老年期后，它会变为红巨星，像夜空中的火花一样爆发为超新星并灭亡。这就是我们生存的这个物质界或者说这个世界的法则，人类也不能例外于这个法则。

但是如果说不生不灭，那么观自在菩萨一定是超越了这个有生有灭的宇宙，关注的是另外一个世界。

是故空中无色，无受想行识。

这是当然，超越生死的世界还有什么色呢？还会有受、想、行、识吗？

无眼耳鼻舌身意。

视觉、听觉、嗅觉、味觉和感觉是生物产生后出现的感觉活动，意识是人类产生以后出现的精神活动。现在，观自在菩萨已经超越了这个微观的世界。

无色声香味触法。

光是和宇宙的产生一起形成的物质。观自在菩萨看着这个生与死的世界，这里没有光，也没有色，也没有声音、香味、触觉，连人类的诸法也没有。

无眼界，乃至无意识界。

哇，没完没了了，这个“无”的“否定思维”要蔓延到哪儿啊？连视觉的世界都没有吗？说的也是，随着电视走进卧室，我们就成了电视剧的奴隶，原来真的是没有电视的啊。听觉的世界也没有？也有道理，因为这个破手机，我们时时刻刻都被噪音所牵制，原来不就没有手机吗？如果可以回归到原始社会，我们的生活将会多么安宁啊！现在，我们一睁眼就要上网，就要搜索信息，是啊，网络本来也是没有的。10 万年前，人类还没有语言，没有语言，也就无意识界了。

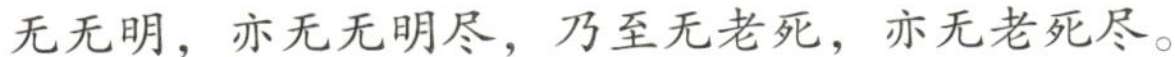
无无明，亦无无明尽，乃至无老死，亦无老死尽。

太棒了！这才是佛教的绝妙之处。佛教中的“无明”是很重要的教义，人本来是带着佛性出生的，但由于无明这一外

壳，不能看到诸法。梵语中叫“avijja”，“a”是没有的意思，“vijja”意为光明，所以“avijja”就是无明。为了消除无明的外壳，释迦牟尼提出了“八正道”。

> 正见、正思维、正语、正业、正命、正精进、正念、正定。

如果无无明，也就无释迦牟尼伟大的教诲“八正道”了，这是动摇整个佛教教义的大逆不道的想法。如果哪个牧师在传教时说，既没有钉在十字架上的耶稣，也没有什么豁免和救赎，肯定会被当场逐出基督教界。

佛教却完全不是这样，佛教说本来既没有无明之法，也没有“八正道”的教义。那么，寺庙有什么用呢？释迦牟尼说过要雕刻木头、漆成金色吗？能够彻底否定自身教义，这一点让我们领悟到了佛教的魅力。

> 无苦集灭道。

“苦集灭道”是释迦牟尼在菩提树下悟道后向弟子们说法的中心内容。

苦谛——人生是苦海，为什么是苦海？

集谛——皆因贪嗔痴。

灭谛——灭贪嗔痴烦恼，则无痛苦。

道谛——若想无痛苦，要修炼八正道。

我的朋友所痴迷的脱离肉身也好，六通也好，都和释迦牟尼的精神没有任何关系。所谓佛教，就是为无法摆脱贪欲而烦恼的人解除痛苦的宗教。然而，观世音菩萨现在在否定佛教的核心教义，和尚们也要生存，如果说连“苦集灭道”也是“空”的话，还有哪个信徒会入法门呢？现在，观世音菩萨是在消灭佛教。

无智亦无得，以无所得故。

心无碍

天哪，智慧和顿悟也是“空”吗？苏格拉底，你至死追求的理性思考、真理和智慧都是“空”啊！孔子，你毕生探求的道也是一场空啊！现在，观世音菩萨在向我们展示人类思维的极限和否定精神的极限。

菩提萨埵，依般若波罗蜜多故，心无挂碍，无挂碍故，无有恐怖，远离颠倒梦想，究竟涅槃。

在否定的极限中表现了什么？我们不知道，知道了也无法表达。所谓不立文字，禅家悟道，不涉文字。然而《般若心经》中观世音菩萨却明明白白地说，无碍，即“无所羁绊的自由之心”。

摆脱人内心的所有恐惧，摆脱人意识中的颠倒梦想，这是庄公梦蝶所要传达的境界吗？是柏拉图借洞穴囚徒怒斥现世虚幻的境界吗？摆脱内心恐惧和意识虚幻后，最终将得以涅槃，那是没有任何噪音的地方，因此称为寂灭。柏拉图梦想的“不灭的世界”和观自在菩萨的“寂灭的世界”是同一个吗？还是不同的？我们已经到达了《般若心经》的顶峰，现在该下山了。

三世诸佛依般若波罗蜜多，故得阿耨多罗三藐三菩提。

佛教是宗教，还是哲学？宗教需要设定绝对超越者，基督教的耶和华上帝和伊斯兰教的安拉就是绝对超越者，没有人认识绝对超越者，耶稣是作为救赎者、穆罕默德是作为仲裁者出现的。

佛不是神性的存在，只是悟道的人，因此崇拜佛祖的佛教不是宗教。佛教依靠的不是绝对超越者，而是这个，是我们现在读的《般若心经》。依靠它就可以悟道，想悟道的所有信徒，不用去寺庙，不用给大雄宝殿内的木刻雕像行礼，你也可以顿悟成佛。

故知般若波罗蜜多，是大神咒，是大明咒，是无上咒，是无等等咒。

供奉在海印寺的八万《大藏经》是高丽人留下的伟大精神财富，是他们给历史留下的最好杰作。日本人因为没有《大藏经》，还经常向朝鲜王朝讨要，韩国人就更需要珍惜了。但是，我们既不是修道僧，也不是佛教专家，如何读得了这八万《大藏经》呢？《般若心经》是任何经典都无法比肩的伟大篇章，还是让我们多读读这 260 个字吧！

能除一切苦，真实不虚，故说般若波罗蜜多咒，即说咒曰。

好，让我们也一起吟诵吧！

揭谛揭谛，波罗揭谛，波罗僧揭谛，菩提娑婆诃。（去吧！去吧！到彼岸去吧！大家都去吧，终将觉悟！）

《般若波罗蜜多心经》

《般若心经》又称《心经》，是将《般若经》的核心内容浓缩凝练而成的经典，它虽然只有 260 个字，但在内容上很好地反映了经典的内涵，被认为是最深奥的书。以“色即是空，空即是色”为代表的空思想认为，任何事物都没有固定的形态，只有拥有无碍之心，认真修行，才能得大智慧。

现在读诵的《般若波罗蜜多心经》多为中国唐朝玄奘法师的汉译本。

第4章

周游天下的“唐·吉诃德”们

孔子 Confucius

孔子15岁志于学，30岁在这个世界站稳了脚跟，他在50岁时所知的天命又是什么呢？就是一年之内树立国家纲纪、三年之内平定天下的治国平天下之抱负。

但是，世界没有轻易接受这个耿直、不知妥协的君子，他周游列国14年，最终落得一个“丧家之犬”的处境。在孔子的这一自嘲中，我们能够看出他生活的困顿和他对不理解自己的君主们的怨恨。

孔子虽然在现实的政治生活中没能实现自己的抱负，但他的言行和训诲却延续了2000多年，直到今天仍然是意欲正直生活的人们的典范和指南。

朝闻道，夕死可矣。

在艰苦的环境下克服困难，成长为当时最伟大的哲学家，孔子对真理的执著和热情又是来自于哪里呢？

孔子是我们要拜会的古往今来的东西方哲学家中最怀才不遇的一位。如花似玉的颜征在16岁时与70岁的叔梁纥野合生下了孔子，“野合”用今天的话说，就是没有正式结婚的同居。因生来头上圩顶，所以起名为丘。孔子3岁时父亲去世——他成了个没有父亲的孩子。

“爸爸是个下人，天很晚了也不回家。”这是诗人徐廷柱《自画像》开篇的一句，孔子少年时代的生活大概也是这般灰暗。据说孔子的母亲靠行巫术养活了他，巫师做的是处理尸体、送灵的事，无疑是个贱职。孔子16岁时，母亲也去世了，所以说孔子其实是个孤儿，主要是靠自己养活自己的。

身份低贱的孔子与身为王子的释迦牟尼相比，起点是完全不同的，与出身名门贵族的柏拉图也形成了鲜明对照。耶稣的父亲是个木匠，他的出身与孔子相似，但因为在父亲的保护下长大，耶稣的少年时代还是比孔子幸福的。孔子的少年时期无疑是10位智者中最不幸的。

吾十有五而志于学。

有很多克服家庭环境的艰苦长大的人，孔子就是这样的一位。这个15岁就有志于学问的少年是相当早熟的，他探求真理的同时，也立下了青云之志。“我一定要克服父母带给我的悲惨境遇”，15岁立下的治学之志，只有结合他不幸的生活经历来解读，才能感受到孔子坚强的意志。

三十而立。

30岁的时候都做了什么呢？一个字“立”，即自立，经济自立的同时，精神上也自立了，就是在思想上已经自成一家了。耶稣在30岁的时候开始传播福音，释迦牟尼在36岁的时候悟道，看来孔子在30岁时，也打下了坚实的思想基础。

孔子30岁时，已经有很多弟子投奔到他的门下，同样的，释迦牟尼在祇园精舍与500名乞丐共同修行，苏格拉底在街头与青少年论辩，耶稣为麻风病人、瘫子、哑巴、盲人等残疾人治病并传播福音。孔子一生培养的弟子达3200人，每年至少有100名学生出入他的门下，他通过努力成为了在鲁国等当时中国东部地区诸侯国相当有影响力的名师。

四十而不惑。

人在40岁时会面对很多诱惑，这个年纪的人会失去锐气、放弃曾经的理想回归现实，孔子所谓的“不惑”是在反驳这个说法吗？在这个岁数，原来很有抱负的人也会无法逃脱财富和权力的诱惑，放弃自己的良心和志向。而孔子因致力于自身修养没有陷入这些诱惑之中，他在70岁时回首人生，写下了这一句“我战胜了诱惑”。

“立”包括经济的自立和思想的自立，“不惑”也包含多种意思，它不仅指不被财富和权力、名誉和地位等现实的利害关系所迷惑，也可以指对人生的各种问题都已形成了成熟的世界观。

五十而知天命。

《明心宝鉴》中说，“顺天者存，逆天者亡”，天命是上天的旨意、自然的法则。将这一句解释为孔子50岁时可以洞察上天的旨意，总是觉得不妥。

《论语》中的这个段落带有自传的性质，因此还是应该结合孔子的人生历程来理解。

我们年纪越长，越会苦恼于“我生来是干什么的”这一

问题。孔子 15 岁就志于学，后又广收弟子。他在 50 岁的时候也在想："我生来是干什么的？这世上还有我这样学识丰富的人吗？我现在是不是该出去平定天下了？"孔子的"知天命"是治国平天下的觉悟，他下了决心，走吧！闯天下去！

治国平天下的"唐·吉诃德"们

孔子信心满满地想要实现修身齐家治国平天下的理想，他发出豪言："如果谁能启用我，一年之内我就可以树立国家的纲纪，三年之内可以实现平天下的梦想。""如果有人用我，我将在东方建立一个新的周国。"怪不得他的弟子们那么崇拜他呢！

果不其然，鲁国的定公选择了他，孔子51岁时开始第一次任职，53岁时被任命为大司寇，相当于今天的司法部部长。不用查找记录我们也能想象到，孔子一定付出了巨大的热情，甚至按孔子的性情来说不可为的死刑判决，他都亲力亲为，并毫不留情地处死了奸臣少正卯①。对孔子来说，鲁国的部长一职正是他展示才能的机会。

《周易》中说，事情越顺利的时候，越是要小心。不好，有人来断孔子的后路了。相邻的齐国开始嫉妒孔子的事业，为了牵制鲁国以防它壮大起来，齐国选了80名美女当礼物献给鲁定公，鲁定公果然沉迷于美色不能自拔。

不用想也知道，孔子一定进谏了许多次："大王您不理政事，只沉溺于情事，这是亡国之路啊，请务必要终止宴乐。"难道国君连谈情说爱也不行吗？

当臣子的进谏不被君主采纳时，就是臣子该离开的时候了。"国家有道时领取俸禄，国家无道时，还坐吃俸禄则是一件可耻的事。"写下辞呈，孔子转身而去，开始了波澜万丈的天下周游之旅，踏上了不是亡命的亡命之途，时年54岁。

唐·吉诃德为了铲平天下的不义之事，举行了接受骑士爵位的加封仪式。虽然他所谓的领主只是乡村客店的老板，唐·

---

① 少正卯（？—前498），春秋时鲁国人，法家的先驱。

吉诃德还是首先履行了成为骑士的形式上的手续。他胯下有“驽骍难得”，身后有桑丘，剩下的事情就是和世上的恶人们搏斗了。

离开鲁国的孔子没有任何爵位，为了施展自己的抱负，不管采取什么手段，他首先需要谋取一个职位。为了养活追随他的子路、子贡、颜回、宰予等弟子，首先要放下理想，寻找一份实际的工作。不知从哪儿来的底气，孔子见了当权者从不会阿谀奉承，只是一味地高声大气。

鲁国的实权人物阳货几次想任用孔子，但孔子都回绝了。孔子十分讨厌阳货这种通过谋反得势的人。一次，孔子在街上偶然与阳货相遇，无法再躲避，只能与其言语一番。

阳货：希望参与政事却又屡次错过机会，这能称为有智慧吗？岁月流逝，时间是不等人的。

孔子：好吧，我会去做官的。

绝不谄媚无道的当权者，这就是孔子。

批评君主的孔子

鲁国大夫季康子向孔子问政：

季康子：国家盗贼太多，该怎么办呢？

孔子：如果你自己不贪求利欲，即使你奖励偷盗，他们也不会去偷。

一般来说，想要做官的话，当权者请你帮忙，你就应该媚笑着迎合他，但是孔子不仅全然不懂得奉承，还指责说，季康子啊，百姓的偷盗行为都是跟你学的。季康子不知出于什么想法，他接着询问孔子如果“向犯罪行为宣战”会怎么样？呵呵，他也太不了解孔子了。

季康子：杀掉无道的人来引导百姓成为有道之人，怎么样？

孔子：你以为治理政事就是杀人吗？

孔子这样斥责当权者，还会有哪个君王愿意给他官职呢？

卫灵公问政于孔子，孔子说："我只懂得礼法，军旅的事情我不知道。"第二天他就离开了卫国。怎么会不知道呢？这样还想求职吗？齐景公问政于孔子，孔子又答道："君主要像个君主，你自己先做好了再说吧！"

求职一再地失败，这件事本需要反省一下，孔子却想得很开，他说："达则兼济天下，穷则独善其身。"

孔子的失败有几个原因。第一，孔子不属于正统的汉族，他出生于贱民，祖先原是宋国人，而宋国是殷商东夷族后裔的封国。

第二，出身于贱民又想进入权力阶层的话，要懂得阿谀奉承，会见风使舵，但孔子不会这些。他的内心过于纯净，性情过于耿直，是个与不义绝缘的理想主义者。

第三，孔子的才能招致了臣子们的忌恨。不仅孔子本人，他的弟子们也都非常优秀，而弟子们对孔子的一片丹心也使君主们十分嫉妒。在这个世界上过于正直、过于有才的人总是招人讨厌的。

齐景公打算任用孔子，和大臣们商量孔子的待遇问题，景公无法做到像鲁君礼遇季氏那样，也不能像对待最下级的大夫孟氏一样，因此打算用界于中间的待遇对待孔子。如果有这个待遇的话，对于失业者孔子来说还是应该感恩戴德的，但齐景公的大臣晏婴却带头反对任用孔子，景公无奈作罢，说自己老了，不能用孔子了。孔子只得离开了齐国。

孔子胸怀治国平天下的理想，但他手无兵刃，也无权谋术数，空有满腹学问和雄心壮志，拥有的只是聪明的弟子们。楚昭王想将700里土地封赏给孔子，他与大臣子西间的对话道出了孔子和追随他的“唐·吉诃德”们之所以失业的原因。

子西：大王，您的使节中，论谋略有比得上子贡的吗？

楚昭王：没有。

子西：大王，您的大臣中有比得上颜回的吗？

楚昭王：没有。

子西：大王，您的将帅中有比得上子路的吗？

楚昭王：没有。

子西：大王，您的官吏中有比得上宰予的吗？

楚昭王：没有。

子西：我们的祖先从周朝获封的领地为50里，文王和武王不过是方圆百里的君主，后来君临天下。现在孔子继承三王之法，发扬光大周公、召公的事业，如果他再得到领地，又有贤能的弟子们辅佐，恐怕对楚国并不有利吧？

心随身动

孔子在拜见君王游说时，内心是充满希望的。“有哪个大臣比得上我呢？我能吟诗、作文、骑马且善射，是天下无双的精通音乐和礼法的专家，我这样一个全才怎么也能当个大臣吧？”但结果却是否定的，“真是郁闷啊！这个世界上怎么就没有人懂我呢？”

人累了就会有所动摇，因为累了注意力会下降，精神无法集中，心也会随之动摇。孔子也有过动摇的时候，例如与卫灵公夫人南子的相见。

南子是可以掌控卫灵公的女性政治家，据说她的美貌足以左右一个国家的命运，《论语》中将她描写成一个淫荡的女人。一向耿直的弟子子路对于老师与南子相见感到很遗憾，认为很不合适，“老师您不是还讲过何为色吗？”关于子路对老师见南子之事很不高兴的情形，《论语》中这样记录道：

> 孔子见了淫荡的女人南子，子路很不高兴。老师发誓说：“如果我有什么过错，愿老天惩罚我！愿老天惩罚我！”

孔子对天发誓这次见面绝不是出自私心，那么他为什么要见南子呢？看来是想拜托南子给弟子们找个工作吧？“需要经济部长吗？那么就用子贡吧！需要国防部长吗？用子路吧！需要教育部长吗？用颜回吧！需要外交部长吗？用宰予吧！我都可以做担保。如果没有国务总理的话，就让我来当吧！”孔子与南子密谈的大概是这些内容，但密谈真相别人是无法知晓的。子路怎么就这么不理解孔子的深意呢？

鲁国大夫季氏的家臣公山弗扰叛乱，他派人来请孔子，孔子答应了，打算前往。对此，子路的不满表现得很明显：

> **子路：**没有地方去就算了，为什么一定要去公山氏那里呢？

孔子大概是太着急了。晋国的地方官佛肸也邀请过孔子，佛肸是谋反之人，以孔子的观点来说，是全无春秋大义的人。

这样的人发出邀请，老师居然不拒绝还一口答应了，弟子们都瞪大了眼睛反驳：“老师，您不是讲过君子不和恶党交往吗?”孔子一定很郁闷，我怎么教了这么一帮学生，左右夹攻我！

孔子带着子路周游天下的时候发生过这样一件事。子路夜里睡在石门处，想等早晨城门开了就出发。守门人一边开门一边问子路从哪里来，子路说是和孔子同行的人，守门人于是问道："是那个知其不可而为之的人吗？"是的，孔子想改变这个世界，不改变这个不义的世界他就无法生活下去，但孔子拜见的君主们都是俗物，根本不关心什么富国强兵。那些疯狂地追求自身利益的君主们，孔子和他们讲仁礼德义，只会招致他们的嘲笑，"什么，还有这样的疯子？"孔子的演讲让君主们哈欠连连。这就好比在说，要想成为一流的企业，就要负起社会责任，将企业的利益全部回馈给社会，试想有哪个企业家愿意用孔子作 CEO 呢？现在，到了弟子们开导老师的时候了。

子贡：老师您的道太大了，天下人都无法接纳您。老师，您不能降低一点标准吗？

说的对，不要过分追求正确的东西，要学会妥协，这是弟子煞费苦心的忠告。弟子子贡有经济头脑，他负责孔子的饮食，经济问题是现实问题。孔子听了子贡的话，心情还不算太糟，但是也绝不会应和他而成为俗物。

孔子：子贡啊，农夫虽然善于播种，但也不能保证获得好收成啊！

颜回与子贡不同，他和孔子一样，都是永远追求理想的思想至上主义者。

颜回：老师您的道太大了，天下人都无法接纳您。即便如此，老师您还是应该继续推广、实行它。

隐者们的嘲笑

司马迁在《史记》中记录了孔子前往周国问礼、倾听老子忠告的场景。

老子：请你说一说你的思想的要点。

孔子：要点就在“仁义”二字。

老子：仁义是人的本性吗？

孔子：仁义当然是人的本性。

老子：什么叫作仁义？

孔子：就是博爱无私。

老子：标榜无私才是私的一种表现，遵循自然的法则就可以了，又何必倡导仁义，好像敲着鼓去找失去的孩子似的，你这是在扰乱人的本性啊！

这一尖锐的批评让人直冒冷汗。34 岁的孔子，自负地以为自己在思想上已经自成一家，大概一辈子都不会忘记老子的叱责了。

这儿有一座高山，孔子现在正在上山，而老子却在下山。老子是周国国立图书馆的馆长，是当时最有学问的知识分子，权力的顶峰是什么，他亲眼目睹了那里发生的阴谋和腐败。

在一本名为《给花朵以希望》的图画书中，刻画了一群争先爬上顶峰的幼虫，它们象征着争先爬上财富和权力顶峰的世俗世界的生命们。舍弃优胜劣汰的世界、选择自由的老子就像一只蝴蝶，他在天空中自由地飞舞，在他的眼里孔子只是一只可怜的幼虫。在孔子的周围总有“老子们”监视的目光在闪烁，《论语》中出现的微生亩就是其中的一位，让我们来听一听他是如何讥笑孔子的：

微生亩：孔丘，你为什么这么留恋这个世界啊？不就是要显示自己的口才，向君主献媚来谋个一官半职吗？

孔子：我不是要向君主献媚来谋个一官半职，而且我讨厌那些假装清高实则顽固不化的人。

微生亩攻击孔子“你不就是个俗物吗”，孔子奋而反击“你不要装清高了”。微生亩又抓住孔子的弟子们游说了一番：

微生亩：现在这个世界浊流纵横，你们的老师和谁能改变这个乱世？这都是不可能的！别再跟着他了，像我们一样做个隐士吧！

这句话传到孔子的耳中，他一定很伤心。“我能平定这个乱世吗？”孔子比谁都清楚这是一件非常渺茫的事情，但是又能怎么办呢？

孔子：我如果是鸟，会和鸟一起生活；我如果是野兽，会和野兽一起生活；但我既不是鸟，也不是野兽，而是人。人不和人在一起生活，又能和谁在一起呢？

孔子在卫国的时候，在家中击磬。一位隐者挑着竹篑从他的门前经过，嘲笑道：

隐者：这个磬声是因为无法忘怀这个世界而痛苦的声音，人应该懂得进退，为什么不能舍弃这个毫无道义的现实世界呢？

孔子：那个挑着竹篑的人一定是个隐者，像他那样隐世而居是多么简单的事情啊！

孔子自己也多次说过，世上无道义的时候最好隐身而退，在毫无道义的国家做一个有钱人是件羞耻的事。但他还是为了寻找明君，来到了遥远的异国，在卫国等待着机会。孔子并不是不明白自己的行为不可为，当别人嘲笑自己也明了的事情时，他就难免会痛苦。

在2500年前的春秋时期，有很多不满现实、唱着讽刺世俗的歌曲四处流浪的狂人，就像金笠①一样，楚国的接舆就是其中的一位。他从孔子的门前经过，故意这样唱道：

> 凤兮凤兮，何德之衰？往者不可谏，来者犹可追。已而，已而！今之从政者殆而！

这里“凤”是指孔子，意为：“孔子，你受欢迎的那个时期已经过去了，现在该放弃奢望，安安静静地生活了吧？”对孔子来说，再没有什么比“老子们”的冷笑更令他痛苦的了，真是令人抓狂！治国平天下的道路遥不可及，孔子连一个大臣的位置也没有谋到。“参与现实？社会改革？别再说这些可笑的话了！过去为了政治虚度岁月也就罢了，以后好好过日子吧！”被君主们冷落已经够委屈了，还有人在背后这样指责他！君主们原本就是俗物，真正刺痛孔子灵魂的是“老子们”的嘲笑，“你不就是个俗物吗？”

---

① 金笠，韩国朝鲜王朝时期的流浪诗人。——译注

丧家之犬

“匪兕匪虎，率彼旷野。”孔子借《诗经》中的诗句发出感慨，一语道出了自己居无定所、四处漂泊的艰辛处境，辗转14年、投身无门的流浪生活之痛苦可想而知。

一日，孔子带着几个弟子来到郑国。孔子一边一言不发快步走在前面，一边出神地想着什么，弟子们则跟在后面相互争论着，等弟子们回过神来才发现孔子不见了。他们惊慌地跑到路口寻找，但没找到。

弟子们四处分头寻找，还是没有发现孔子，他们担心起来，“不会被强盗抓走了吧?”刚才争论的焦点人物子贡感到身有责任，他拼命地寻找，到处问路人是否见到孔子了。最后，子贡找到一人，他说见过与孔子相像的人。

东大门有个奇怪的人，他坐在城门前，失魂落魄的样子像一只丧家之犬，不知道是不是孔子。

师生重逢后擦干眼泪述说原委，子贡将那人描述的孔子模样告诉了他，孔子听完后说：

说得有理，确实是这样啊！

所谓丧家之犬，是指由于主人悲伤过度，忘记给狗喂食，狗失魂落魄、无精打采的样子。孔子在 14 年的流浪生活中连一位热情招待自己的主人都没有遇到。

返乡

历尽 14 年的艰辛后，孔子还是没有遇见一位欣赏自己的君主，他强壮的身体变得衰弱，以前经常梦见的周公也不复出现。据《论语》记载，孔子想离开中国，漂洋过海远走异国他乡。孔子说要去往九夷之地，弟子们纷纷挽留。

弟子们：老师，在那个荒凉简陋的国家怎么生活啊？

孔子：君子住的地方，有什么荒凉简陋啊？

“九夷之地”大概是指东北三省和朝鲜半岛。孔子对弟子们说，“乘桴浮于海”，他漂洋过海想去往哪里呢？

68 岁的孔子壮志难酬，他先后离开鲁国到卫国，从卫国到陈国，从陈国返回卫国，再从卫国到郑国，从郑国再到陈国，从陈国返卫国，从卫国到赵国，从赵国到宋国，从宋国返陈国，从陈国到叶国，从叶国到蔡国，从蔡国再回陈国，最后回到了故乡鲁国。

回去吧，回去吧，

吾孔门弟子志向高远，行动疏阔，

似华彩锦缎，

丘不知该如何裁剪。

将孔子逼走的鲁国实权人物季桓子因病去世，他在临死前对儿子季康子说：“你一定要将孔子邀请回来。”但是，孔子是个伟人，伟人是不方便使用的，所以季康子启用了孔子的弟子冉有，后来还任用了孔子的其他弟子。子贡、子路、樊迟等孔门的明星们在周游天下后，都在故国找到了职位。由于冉有的极力协调，孔子终于在公元前 484 年踏上了归乡路。

季康子：如何能将你的老师迎接回来呢？

冉有：小人将扫除一切障碍，请让我的老师回来吧！

孔子的新形象

孔子修身齐家治国平天下的梦想最终没能实现，他的很多弟子都得到了不错的官职，但孔子却没能施展自己的抱负。仔细想来，孔子的兴趣似乎并不在此。他的兴趣在于创造一个

“君子的新形象”。在此之后的2500年里，东方的知识分子们走的都是孔子指引的君子之路，朝鲜王朝500年间书生们追求的“君子形象”直到今天仍然通用。

克己复礼为仁。

这是我们常见的一句话。孔子的核心思想是仁。伯夷、叔齐是公元前12世纪殷朝末年孤竹国国君的儿子，伯夷是哥哥，叔齐是弟弟。父亲认为弟弟叔齐比哥哥聪明，遗命要立叔齐为继承人。叔齐让位给哥哥，哥哥伯夷遵从父亲的遗命没有答应，逃往国外，于是叔齐也亡命国外。

子贡：伯夷和叔齐是什么样的人？

孔子：是古代的贤人。

子贡：他们会对自己的人生感到后悔吗？

孔子：求仁而得仁，有什么好后悔的呢？

孔子的价值观在这一段评论中得到了充分体现。仁是伯夷和叔齐的价值观，也是孔子的价值观，他们人生的终极目标就是追求仁。

我们常说“那位老人家，真是一位善良的人”，或者“人应该与人为善”，但是从来也不会追问“什么是善良”。兴夫[①]看见伤了腿、一瘸一拐的燕子不免心生怜悯，樵夫将被猎人追赶的梅花鹿藏起来，这些就是善良。

我的母亲喜欢帮助不幸的邻居。碰到吃力地拉着煤球从胡同中走过的卖炭大叔，母亲总是把他们请到院子里，做上一顿午饭招待他们：“没什么菜，多吃点儿吧！”直到今天，我还记得母亲仁慈的面孔，哪怕送给路过的卖炭大叔一件旧衣服也好，这就是善良，就是仁。所谓仁，就是将邻居的不幸当作自己的不幸。

---

① 兴夫，韩国民间故事《兴夫传》中的主人公，是勤劳、善良的化身。——译注

君子，与不义之举针锋相对的人

君子喻于义，小人喻于利。

孔子的训诲中对我们祖先的生活影响最大的大概就是义了。遇见多行不义的人，哪怕他是国王，也要和他针锋相对，这就是儒家的精神，宁死也要仗义执言是儒生的义务，与欺压百姓的恶势力斗争更是儒家的根本。

见义不为，无勇也。

何谓义？孟子解释为羞恶之心。将邻居的不幸当作自己的不幸，拥有这样仁爱之心的人不会坐视恶人欺压自己的邻居而不管。所谓苛政猛于虎，“老子们”可以超脱于世上的不义，但君子却不能这样做。通过孔子与弟子冉有之间的对话，我们可以看出孔子是如何追求义的。

鲁国的大夫季氏权霸一方，他拥有国家一半的土地仍然感到不满意，于是想讨伐鲁国的附庸国颛臾。当时，孔子的弟子冉有是季氏的家臣，他好不容易才获得了这个职位。冉有向老师汇报事态的进展，同时想获得老师的首肯。冉有作为孔子的弟子，感觉到这件事有违道义，因为他也参与了季氏的讨伐策划。

冉有：老师，季氏将要攻打颛臾了，您知道吗？

孔子：冉有，从前是周天子让颛臾国主持东蒙祭祀的，季氏怎么能讨伐它呢？你作为家臣，不阻止季氏的不义行为，这就是你的过错。

冉有：季氏想要攻打，我是反对的。

话一定要深思熟虑后再说，否则话一说出来就收不回去了。尤其是在原则至上者面前说话更要小心，他们不能接受一丁点儿有违原则的事情。想想吧，孔子是个什么人啊？

孔子：冉有，你也参与了讨伐的策划，现在还有什么可辩白的？错了就老实承认错了。从前有个叫周任的史官这样说过："尽全力忠实于自己的职责，国君如果不听就辞职。"你担负着辅佐季氏的重任，怎么能将这个责任推卸给主人呢？

主人的错误就是家臣的错误，在孔子严厉的斥责面前，冉有仍然继续辩解着，他以为最后只要说一句"我太愚蠢了"

就可以了事。

冉有：颛臾的城墙坚固，而且离季氏的领地很近，现在如果不把它夺取过来，将来一定会成为子孙的忧患。

孔子：冉有，我们老实说吧！君子最痛恨表里不一。对于诸侯和大夫，不怕贫穷而怕财富不均。财富平均了，百姓才能安心，百姓安心了，才能纷纷归顺。你不考虑百姓的生活，反倒要动用兵力攻打弱国？我是这样教导你的吗？

“不患寡而患不均”，这体现了孔子的平等思想。君子的

仁爱之心就是要担心百姓的安危，动用兵力侵犯他国让百姓流血是不义之举。作为孔子的弟子，不管他的主人是国君还是大夫，都要遵守这个春秋大义。

“德不孤，必有邻”，孔子强调说，“有道德的人是不会感到孤单的”。但是，老实地说，讲大义的人是孤独的。

岁寒，然后知松柏之后凋也。

不与不义妥协的君子是孤独的。冬天的时候，漫山遍野的树叶都凋谢了，这时能够骄傲地呈现一片绿色的只有松树。57岁时被流放到济州岛的秋史金正喜，他一边画着《岁寒图》，一边浮现在脑海中的大概就是这一句话了：

饭疏食饮水，曲肱而枕之，乐亦在其中矣。不义而富且贵，于我如浮云。

吃着粗粮，连一碗汤都没有，只有一杯白水下饭，没有枕头、被子，只能屈臂当枕睡个囫囵觉。在这样的穷困中，只要心是自由的，就仍然会感到快乐。清贫，这就是君子的生活。

孔子的思想是朝鲜王朝书生们的价值观，这一点很容易理解。其实我们考察20世纪志士们的人生，也会发现这一共同的价值观，即不与不义妥协的君子的人生观。

朝闻道，夕死可矣

学而时习之，不亦说乎？

这是《论语》开篇的一句。在《论语》600 多则篇章中，这一句之所以出现在篇首，是因为它很好地说明了孔子的人生是怎样的人生。孔子的人生是“学习的一生”，所谓学习就是获取新的东西，人生就是不断领悟的学习过程。快乐又是什么？就是领悟的欣喜。

有朋自远方来，不亦乐乎？

有所领悟的人需要探访他人，有新收获的人需要寻找能和自己产生共鸣的朋友。有朋友远道而来，这样的夜晚就是飨宴之夜，我们将会与朋友们彻夜分享独自学习过程中的收获。

人不知而不愠，不亦君子乎？

有人理解意味着能够爬上权力的阶梯，孔子在不幸中长大，虽然刻苦地学习，却没能进入主流社会。他身材高大、身体健康、热情向上、努力执著，但中国的诸侯和大夫们仍然对他敬而远之。

孔子68岁时还没有实现自己的梦想，他在自省："我是为了出人头地才学习的吗？不是，只要能够获得圣人之道我就满意了。"孔子，他是一个孤独的人。

朝闻道，夕死可矣。

在我们的意识中，总觉得儒家思想不过就是些"孔子曰""孟子曰"而已，在我们脑海中定型的书生，都是些刻板地背诵古代经典的人，孔子的本来面目就这样被掩盖在历史的沧桑之中。很少有人像孔子这样不幸，也很少有人像孔子这样热烈地追求过、生活过，真正刻板的难道不是活在21世纪的我们吗？一朝获得真理，当晚死去也无憾，我还从未曾见过如此执著追求真理的人。

莫春者，春服既成，冠者五六人，童子六七人，浴乎沂，风乎舞雩，咏而归。

我是在高中时学到这一句的，这是西方经典中所没有的

《论语》的韵味。孔子唱的大概是《诗经》中的《关雎》吧，你看那在河边采摘野菜的姑娘，美丽的窈窕淑女啊，她是君子的好伴侣，我思念着她，辗转反侧难以入眠。让我们吟味着《诗经》中这一自然清澈的意蕴，重新审视一下我们心中的君子形象吧！

《论语》

四书之一，中国最早的语录，儒家的圣典。它整理了孔子与弟子们及周边人的对话，并记录了孔子对弟子们的训诲，常以“子曰”开篇。《论语》论述了仁爱之心的重要性及如何才能拥有仁爱之心，仁、礼、长幼有序的家庭秩序，以义为基础的国家秩序、君子言行、德治等都是本书的核心内容。

第 5 章

谁杀害了耶稣？

耶稣 Jesus

十字架刑原本是罗马帝国处决叛乱奴隶的刑罚，灵魂纯洁的耶稣殒命于十字架之上，罪名是“自称为犹太人的王”。耶稣和所有在十字架上结束生命的叛乱者一样，是时代的反抗者。耶稣是遭世人唾弃者的朋友，是拒绝物质崇拜的无产主义者，是倡导“爱你的邻居”的和平主义者。

约翰记录说，耶稣在十字架上痛苦地说“我渴”，有人将葡萄酒倒进他的嘴里，耶稣润湿了喉咙，说道“完成了”，就断了气。但马太记录的耶稣之死却有所不同：

“主啊，你为什么舍弃我？”

十字架之上，一个干净的灵魂、一个纯洁的男子就这样结束了生命。到底是谁杀害了耶稣？

这是非洲北部努比亚沙漠中部，水源隐身在几千米深的地下，绿洲和河水都远在几百里之外。在这寸草不生的荒凉之地，有一座岩石山，山下是一座金矿。

脚上、脖子上带着锁链的奴隶们穿越在比炼狱之火还要滚烫的沙漠中，他们的脚底板被烫熟了，高温蒸发着全身的水分，连血液仿佛都沸腾了，一个个奴隶倒下去就再也没有站起来。

活着到达金矿的奴隶看到了这样一幅奇怪的景象，儿童奴隶们从矿洞中爬出来后，还要在沙丘上爬行一段时间，因为他们身上从胳膊肘到手腕、从膝盖到脚背的皮肤都板结僵硬了。在挖掘金矿的过程中，有许多狭窄的矿穴成人的身躯是无法爬进去的，因此大量十来岁的儿童奴隶被送到了这里。

金矿的奴隶每日只有不到 1 升的水可以延命。在沙漠的腹地用锤子敲击岩石、搬运石块，真是汗如雨下。那些喝水不知道节省的人，那些没有将黑乎乎的大麦粥的每一滴都咽下以求裹腹的人，连 6 个月都活不到。即便是把水节省着，每日只用来润湿一下喉咙，大部分人也撑不到两年就死了。

但是，罗马的矿主们对此连眼睛都不会眨一下，因为奴隶铺天盖地都是，如果奴隶供应告急的话，只要派遣罗马军团将野蛮人成堆地抓来就行了。当时一匹上好的阿拉伯马就可以换 20 名奴隶。

罗马的和平是在奴隶的呻吟声中绽放的贵族们的和平。各种珍馐美食堆积如山，贵族们跳舞、唱歌，坐在餐桌旁品尝品尝这个，品尝品尝那个，饱得吃不下去了，就用鸡毛插在嗓子里，把吃下去的食物吐出来，吐完了之后接着再吃。为了让他们一饱眼福而死去的人是角斗士，角斗士角斗时是裸体进行的，只要打斗起来必定要分个你死我活。

角斗士之王斯巴达克斯，在努比亚金矿里顽强地活了下来，后来被选为角斗士奴隶。角斗士经常饱受酷刑折磨，还不得不在角斗场中和同伴们厮杀，最终都将悲惨地死去。斯巴达克斯不想屈服于角斗而死的命运，他召集同伴，带领着 200 名奴隶试图逃走，最终有 78 人成功地逃到维苏威火山上。他们推举斯巴达克斯为首领，举起了起义的大旗，攻击附近贵族的庄园。

起义军的队伍越来越壮大，到公元前 72 年时已经形成了一支 12 万人的大军。起义军势如破竹席卷整个意大利半岛，罗马统治阶级对此一筹莫展。

公元前 71 年，起义军和罗马军队之间展开了一场决战，罗马军队的总指挥是克拉苏。斯巴达克斯决心要亲手砍下敌将的首级，他冲到阵前大喊：“克拉苏，你站出来！”奴隶代表斯巴达克斯和贵族代表克拉苏之间展开了一场决定世纪命运的战斗。斯巴达克斯的利剑穿透了克拉苏的铠甲，在摘下克拉苏头盔的一刹那，有人从背后刺中了斯巴达克斯的大腿。与斯巴达克斯对决的人并不是克拉苏，原来诡计多端的克拉苏将自己的头盔戴在了部下的头上。斯巴达克斯挣扎着战斗到最后，壮烈而死。

克拉苏俘虏了 6000 名奴隶，他在加普亚到罗马城的路上竖满了十字架，将奴隶全部钉死在上面。那是一眼望不到头的十字架，以及挂在十字架上的尸体。每具尸体腹部都被枪刺穿，血汩汩而流……罗马贵族想出了这个令人死得最痛苦的十字架刑罚，人类最惨烈的政治报复被实施到奴隶身上，从罗马一直到加普亚。

十字架！这是罗马帝国处死叛乱奴隶的残酷刑具，如果说耶稣真的是死在十字架上的话，他就和死在十字架上的所有叛乱者一样，是时代的反抗者。

自称为犹太人的王

在处死耶稣时，十字架的下端写着他的罪名。

“自称为犹太人的王”，如果这个罪名成立，耶稣就是反抗罗马帝国殖民统治的独立斗士。在耶稣生活的时代，犹太人为了反抗罗马的统治不断地进行着独立斗争。为了斩尽杀绝几经镇压仍然不断反抗的犹太人，罗马人放火烧了他们的圣地——耶路撒冷，这是公元70年的事情。

按照今天《圣经》的《四福音书》[①] 记载，耶稣绝不是犹太人的政治领袖。公元前1250年，摩西率领被奴役的以色列民族摆脱了拉美西斯二世的统治，摩西是犹太人的救世主和基督。但是耶稣没有率领被奴役的以色列民族摆脱罗马恺撒大帝的统治，他说：“凯撒的归凯撒，上帝的归上帝”，耶稣并不主张也没试图摆脱罗马的统治。“自称为犹太人的王”，这一罪名完全是想杀害耶稣的人捏造的。

杀害耶稣的不是罗马人而是犹太人。耶稣揭露了犹太人，特别是犹太宗教领袖的伪善面目，他是时代的反抗者。

---

① 《新约圣经》的前四卷书，作者分别是马太、马可、路加和约翰。

如果我们关注《新约圣经》中耶稣和犹太教的斗争，就能够正确地理解其中的意思。《新约圣经》中充满了对犹太教领袖的敌意：

> 你们这些毒蛇，谁说你们能够逃脱上帝的惩罚？惩罚你们的斧头已经准备好了。

这是多么可怕的诅咒。耶稣教导世人说要爱我们的敌人，但从他对犹太教领袖的诅咒中却看不到一丝妥协。

> 等着瞧吧，这些卫道士们，他们败坏了寡妇的生活，却装模作样地背诵长篇的祷文，他们必将受到最严厉的惩罚。

犹太教领袖们不是说“不要奸淫”吗？我告诉你们：“对女人怀有淫乱之心的人，已经在心中实施了奸淫。如果眼睛让你犯罪，就把眼睛抠掉吧！”

犹太教领袖们不是说“以眼还眼，以牙还牙”吗？我告诉你们：“不要反抗恶行，谁要打你的右脸，把左脸也伸过去让他打！”

犹太人在安息日不许工作，只能祈祷、唱颂歌。耶稣和他的门徒从麦地里走过，感到肚子饿，摘了几粒麦粒吃了。犹太人知道后追问耶稣，在安息日劳动难道不是违反律法的吗？这些法利赛人，他们就是维护犹太宗教传统的卫道士。耶稣说：

> 安息日是为人而创制的，人不是为了安息日而存在的。

这里还有一个撒玛利亚好人的寓言。口中标榜着邻里之爱，等到真的在路上遇到摔倒的邻居却视而不见的司祭和利未人就是犹太教领袖。将被强盗打伤躺在路边的陌生人送到旅馆、精心看护的人不是犹太人，而是遭到犹太人蔑视的异族——撒玛利亚人。耶稣说，撒玛利亚人才是真正实践邻里之爱的人，耶稣讲这个寓言的目的是为了揭露犹太教领袖的伪善。

耶稣动辄指责犹太教领袖的虚伪和伪善，于是他们开始筹划杀害耶稣，就像雅典人毒死苏格拉底一样。

犹太教领袖用30两银钱收买了犹大，逮捕了耶稣，他们又将耶稣移交给罗马总督彼拉多。从《福音书》的记载来看，罗马总督彼拉多对耶稣并无恶意。

彼拉多：你是犹太人的王吗？

耶稣：你说我是王，我便是王。

彼拉多大概觉得耶稣是个纯洁但稍有些怪异的年轻人，但他并不想杀死耶稣。

当时正值逾越节，这是犹太人为纪念自己逃离埃及、越过红海而设立的光复节，就像韩国在光复节要举行特别大赦一样，犹太人按照惯例也要释放一名死刑犯。当时监狱中关押着一名叫巴拉巴的著名独立斗士，他是武装起义的主导者，十字架刑罚就是为巴拉巴这样的人而准备的。

彼拉多：你们想释放谁？巴拉巴还是耶稣？

罗马总督本来是想处死巴拉巴的，《圣经》中这样记载道：

祭祀长和长老们挑唆众人，要求释放巴拉巴，杀死耶稣。

彼拉多：两个人释放哪一个？

众人：巴拉巴！

彼拉多：那么，耶稣怎么办？

众人：钉十字架！

彼拉多：他犯了什么罪？

众人：把他钉十字架！

彼拉多：我对他的死不负任何责任。

众人：我们和我们的子孙会负责。

彼拉多代表着罗马政府，众人背后的教唆者是犹太教领袖。《福音书》明确宣告了关于耶稣的死，罗马无罪，罪在犹太教，不，应该说《福音书》反复强调了这一点。众人最后的喊声令人战栗，原文直译的话是这样的：

耶稣的死由我们和我们的子孙负责！

《福音书》难道在预言2000年后的悲剧吗？公元70年，耶路撒冷城被毁，此后的2000年里，犹太人在整个欧洲流浪。离散的犹太人，每到一处都遭到欧洲人的迫害。以眼还眼，以牙还牙，你们的祖先杀害了耶稣，你们的子孙就要遭到报复。以为拧开水龙头会有热水流出，没想到冒出的是毒气，在德国纳粹的犹太人集中营里这一切还历历在目，无辜的孩子躲在妈妈的裙子里也无法幸免于难……

人　子

耶稣：人们说我是谁？

门徒们：有人说是施洗约翰，有人说是以利亚，还有人说你是预言家。

耶稣：你们说我是谁？

彼得：你是基督。

耶稣嘱咐门徒，不可对人说他是基督。在“耶稣基督”中，“耶稣”是名字，“基督”是称号，就是“救世主”的意思，就像“忠武公李舜臣[①]”中“忠武公”是李舜臣的称号一样。基督的希腊语为“Christos”，希伯来语为“Messiah”，17世纪基督教传入中国的时候，中国人将“Christ”翻译为“基督”，因此“把耶稣视为救世主的宗教”被称为“基督教”。

但是我们更喜欢把耶稣称为“人子”而不是“基督”，因为耶稣从未在大众面前自称过“基督”，他最喜欢的称号是“人子”。比人的口更正直的是人的手和脚，2000 年前在地中海东岸一个叫“加利利”的地方，有一个为重病患者治病的男子，他就是耶稣，据《福音书》记载，耶稣的一生都在为他人治病。

耶稣说“走开”，附身的鬼神就走开了；说“洁净了吧”，麻风病人就痊愈了；说“站起来”，瘫痪的人就可以行走了；说“睁开眼”，瞎眼的女孩就能看见了；说“你的罪被赦免了”，中风患者就可以活动了。但耶稣谦逊地说：“不是我使你痊愈的，是你的信念使你痊愈的。”

我们接触的历史讲述的都是帝王将相的故事，老百姓从来不是历史的主体，仅仅是统治的对象而已。但是在《福音书》中，渔夫、税差、妓女、麻风病人成了生活的主人公。

在电影《宾虚》中，麻风病人都隐居在深山之中，他们不仅要承受身体上的痛苦，还要忍受社会的排斥，他们自认为

---

① 李舜臣（1545—1598），字汝谐，号德水，李氏朝鲜时期名将，谥号忠武。

遭到了天谴，自暴自弃的念头一直折磨着他们。这些挣扎在社会底层的人都是耶稣的邻居，单凭这一点，耶稣的一生就可以永世流芳。

法利赛人问耶稣的门徒：

你们的老师为什么和罪人在一起？

耶稣和被抛弃的人站在一起，用今天的话说，“被孤立的人”是耶稣的朋友。耶稣说：“无病的人用不着医生，有病的人才用得着。我来本不是召义人悔改，乃是召罪人悔改。”

人不是单靠面包活着的。

耶稣在忍受了40天的饥饿后这样说道，这句至理名言很适用于今天的我们。耶稣自己彻底放弃了物质的贪欲，但当他看到饿了几天的民众时感到很心疼，为饥饿的乞丐而痛苦，这就是“人子”耶稣的真实一面。

> 他们和我在一起待了3天，什么也没吃，看到此我很伤心。我担心就这么送他们走的话，他们会晕倒在回家的路上。

据说耶稣用7块面包喂饱了4000名乞丐，我们认为这个神奇的故事是不可能发生的。耶稣手里拿着这7块面包，一定失声痛哭过。所谓至诚感天吧，再穷的乞丐也会藏着一两块面包到临死时吃，耶稣哭得得有多伤心啊，听了耶稣虔诚的祈祷，没有人会不动心的。“哥哥你先吃吧”，“弟弟还是你先吃吧”，你让我，我让你，结果4000人都吃饱了，面包还有剩余，这是完全有可能的。

耶稣也有过幸福的时刻，那是一位叫马大的女人在家中招待他的时候。耶稣来到了马大的家里，这是多么令人兴奋的事情，马大走进厨房认真地准备饭菜，但是马大的妹妹马利亚却坐在耶稣的近旁，仰望着耶稣。马大心里忙乱，就对耶稣抱怨：

> 马大：这怎么行呢？我都忙死了，我妹妹连手都

不伸一下。请你吩咐她来厨房帮助我！

耶稣：马利亚做得对，你别管她了！

耶稣还说过一句著名的话："你们中间谁是没有罪的，谁就可以先拿石头打她！"按照摩西的律法，奸淫的女人要用石头打死。一次，犹太人抓住一个奸淫的女子，他们试探耶稣，问他该把这个女人怎么办。这真是令人进退两难，既不能说打死她，也不能说放了她。如果打死她，就违背了耶稣所说的"爱你的敌人"；如果放了她，又违背了摩西的教导。最终耶稣避免了逻辑性错误，犹太人让耶稣对奸淫的女人做出判决，耶稣却反过来追问他们是否纯洁。当女人被手拿石头的男人团团围住时，该有多可怜啊！《圣经》中有这样一个场景，一个女人用自己抹了橄榄油的头发给耶稣洗脚，说明很多生活在绝望中的女人都很爱戴他。

要么信仰上帝，要么信仰金钱

天堂近在咫尺，悔改吧！

耶稣在成功禁食 40 天后，向世界发出了这样的劝告。悔改吧！悔改什么呢？悔改是认识到了自己的罪过，它不是消极意义上的反省，而是放弃过去的生活、选择新生活的具有积极意义的改变。富人是无法放弃自己的生活的，因此耶稣说富人上天堂比骆驼穿过针眼儿还要困难。能够改变自己生活的只有穷人。

穷人们，你们是幸福的，天堂是你们的！

耶稣为罗马统治下犹太人的扭曲生活感到十分痛心。过去我们的生活还很贫穷时，大家能够不分彼此地和睦相处，然而随着物资越来越丰富，世态也变得越来越炎凉，这大概和罗马殖民统治下的犹太社会是一样的。耶稣在和犹太教领袖斗争的过程中指明了如何才能进天堂，非常简单：

爱你的邻居吧，你会离天堂更近。

犹太教的《圣经·旧约》是完全物质化的，如果你想赎罪就要献上牛羊，耶和华上帝的祝福是物质的，取决于家畜的数量。《福音书》中的天堂是完全精神化的，“不要为自己在地上积攒财宝，要在天上积攒财宝”。为什么？因为财富在哪里，你的心就在哪里，“不要担心吃什么，喝什么”。

耶稣是个彻底的无产主义者，“鸟有巢，狐狸有穴，我连个歇脚的地方都没有”，这就是耶稣，孑然一身而已。耶稣说，人要么信仰上帝，要么信任金钱。

拒绝物质崇拜是耶稣始终坚持的世界观，因此当富有的年轻人向他询问应该如何生活时，耶稣毫不犹豫地说："把你所有的财产都卖掉，分给穷苦人，然后再随我来！"

如果耶稣生活在今天，他肯定是个无产主义者，同时还是个爱好和平的人。他在"山上宝训①"中说：

> 为和平而工作的人有福了，因为他们必将成为神的孩子。

今天，称霸世界的国家称自己是基督教国家，其总统自称是个虔诚的基督教徒，再没有比这些说法更荒谬的了。耶稣才是彻底拒绝物质崇拜的人，才是彻底排斥暴力的人……

孤独的最后

> 今夜鸡叫之前，你会说三次你不认识我。

《圣经》是部伟大的文学著作。我从未见过还有谁能将隐

① 亦作"登山宝训"，指的是《圣经·马太福音》第五章到第七章里，耶稣基督在山上所说的话。

藏在人心性一隅的背叛的痛苦描写得如此感人。

耶稣预言了弟子彼得的背叛，他作为人子，心里一定很不好受。今夜是最后一夜，清晨加略人犹大就会来抓他，耶稣为了战胜席卷而来的悲伤，和门徒们一起登上了客西马尼园。“你们坐在这里，等我祷告。”《福音书》记录了此时耶稣的心情：

我心里甚是忧伤，几乎要死。

接着，耶稣俯伏在地，祷告说：

我父啊，倘若可行，求你撤走这痛苦之杯。

此刻这痛苦的人分明是人子，在死亡面前人的灵魂在颤抖。

但是，不要从我的意思，只要从你的意思。

人子耶稣顺从了天命，耶稣的结局是人类记录的悲剧中最悲惨的。士兵们先是戏弄耶稣，他们给他穿上朱红色的衣服，用荆棘编成王冠戴在他的头上，然后跪下来嘲笑道：

犹太人的王，祝你万寿无疆！

看到钉在十字架上的耶稣，过往的人们都咒骂他："你不是上帝之子吗？先拯救你自己吧！"犹太教领袖们也大骂道："还拯救别人呢，连自己都拯救不了！"

如果是绞刑或枪决，死亡的痛苦会很短暂，而被处以十字架刑的人则需要很长时间才能断气。犯人的肚子上被枪扎出了洞，血汩汩流下，血流得越多，犯人越感到干渴难耐，这就是十字架刑的痛苦。

"我渴。"耶稣喊道。有人过来往耶稣的嘴里倒葡萄酒，耶稣润湿了喉咙，说道："完成了。"就断了气。

这是约翰的记录，马太的记录则有所不同。

以利！以利！拉马撒巴各大尼！

主啊，你为什么舍弃我？

十字架刑原本是为想要推翻罗马统治的起义者而设置的。在十字架之上，一个干净的灵魂、一个纯洁的男子就这样结束了生命。

《圣经》

基督教和犹太教的圣典，分为《旧约圣经》和《新约圣经》。《旧约圣经》讲的是基督诞生之前的故事，以上帝选择的百姓——以色列民族的历史、耶稣的预言等为主，从《创世纪》开始一直到《玛拉基书》，共 39 卷，包括上帝创造宇宙万物、统治世界和裁决历史等神学内容。

《新约圣经》是神通过基督福音所做的约定，该书有耶稣的诞生和复活等内容，包括《马太福音》《马可福音》《路加福音》《约翰福音》四卷福音书、使徒行传、使徒书信和启示录等，共 27 卷。

第 6 章

梦想做把握宇宙的第一人，太虚

退溪李滉 Lee – Hwang

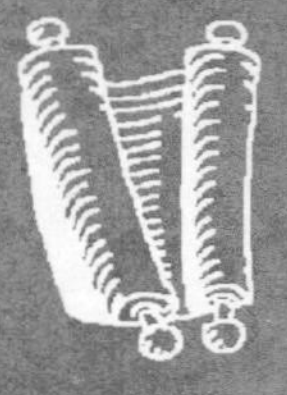

朝鲜王朝，哲人的国度，性理学铸就了它的思想基础。崇拜“礼”的崇礼门，提倡“仁”的兴仁门，守护“义”的敦义门，统领时代的性理学哲学观镌刻在了四座城门①之上，首尔这座哲学之都，就是性理学世界的浓缩反映。

退溪李滉生活在性理学兴盛的朝鲜王朝中期，他兴建陶山书院，致力于教育和性理学的研究著述。他和高峰奇大升围绕“四端七情”展开的论争，使当时的思想界充满了活力。

1567年明宗去世，16岁的少年宣祖即位，退溪为年少的国王编撰了一本图说性理学概要的著作，这就是《圣学十图》。退溪将书献给国王后就返回了故乡，“放弃仕途，通过治学和教育来阐明正确的生存之道”，这就是退溪李滉的天命。

① 原文如此。四座城门，还有一座是肃靖门，首尔保存至今的城门只有文中的三座，作者大概是考虑到今天的实际情况，所以没提。下页同。——译注

1894年，当朝鲜半岛农民起义风起云涌之时，一位英国女性正用锐利而审慎的目光观察着朝鲜人的生活。她就是伊莎贝拉·伯德·毕晓普女士，英国皇家地理学会会员，她在《朝鲜和它的邻国》一书中这样写道：

> 我在认识首尔一年之后，才意识到它是世界上最美丽的城市。

正如毕晓普女士所言，首尔是地球上的一个美丽城市。在她的记录中，首尔是将性理学镌刻在四座城门之上的哲学之都，崇拜“礼”的崇礼门，提倡“仁”的兴仁门，守护“义”的敦义门。让我们一起来看看毕晓普眼中的首尔吧！

> 一到晚上，首尔就变成了深红色，蔚为壮观，山峰像透明的粉红色水晶闪闪发光，蓝色的天空被染成

了金色。早春时节，青雾笼罩着山峦，山间铺满了淡紫色的金达莱、火红的李子、粉红的樱花和桃花，令人赞叹。

毕晓普坐在汉江的渡船上，顺着南汉江逆流而上，作为一名女性，她的旅行是一次令人羡慕的探险。船过了明成皇后的故乡骊州后，毕晓普看到了南汉江上游的村庄，她在游记中写道：

几天之后，风景愈加漂亮、壮观，时时令人惊叹。春天的美丽铺展开来，树木生动地呈现出绿色、红色、金色等多种色彩，开花的灌木色彩更加丰富，庄稼看起来也独具魅力。鸟在树丛中鸣叫，香气飘到水面上来，偶尔能看到牛在没膝的草丛中吃草。

沿着毕晓普女士走过的南汉江，曾有一位在安东和首尔之间来往的人，他就是我们的主人公退溪。1567 年明宗去世，16 岁的少年宣祖即位，退溪应王命以 67 岁的老迈之躯盘桓在首尔。但是在经筵中做过几次讲解后，年幼的少年似乎无法理解老翁的深意，于是退溪献上《圣学十图》后向国王奏请还乡。

1569年3月3日，退溪进宫，以年老体弱为由恳请回乡，宣祖极力挽留，但退溪去意已决，最终宣祖允许退溪返乡。第二天，退溪向国王告别，3月5日就渡过了汉江。当时满朝文武不胜悲哀，纷纷来到汉江渡口送别这位老学者。退溪记录了当时的心情：

> 东湖渡船之上交谈之欢还常常出现在梦中，你送我至奉恩寺逗留的一夜，更感情深，醉中无言相望，仿佛已走完千里离别之路。收到你的亲笔书信和附诗一首，仿佛又得以相见，其中的慰藉和荣幸之意无以言表。（选自《退溪和高峰书信集》）

这是退溪在收到高峰奇大升[①]的问候信之后写的回信，信中他这样记录自己的返乡之路：

> 船过骊江后，一路凄风苦雨舟行困难。在忠州弃船上岸，行雪野、爬山峰，却无大碍。一踏上故乡的土地，春光正盛，一切宛如从前。（选自《退溪和高峰书信集》）

开始于燕山君的士祸之风，经过中宗时期的己卯士祸，再到明宗时期的乙卯士祸，使无数的文人士大夫丢了性命。明宗去世宣祖即位后，士林派终于掌握了政权，许晔、朴淳、柳成龙、李山海、尹斗寿、金诚一、郑逑、许篈、柳希春、奇大升等退溪的弟子们像群星般遍布朝廷各处，整个朝廷仿佛成了退溪学派的天下。退溪在献上《戊辰六条疏》《圣学十图》后飘然返回陶山，度过了人生的美丽黄昏。

太虚的诞生

1569 年，英国莎士比亚出生，同一时期，朝鲜的大学者

---

① 16 世纪朝鲜王朝著名的哲学家、文学家。

退溪和高峰也使性理学兴盛起来。士大夫一生要做三件事，一是研究学问，二是治理天下，三是培养人才。对他们来说，做学问不仅可以增长自己的见识，还可以提升自己的人格，而作诗则是文人的必备之技。

露草夭夭绕水涯，
小塘清活净无沙。
云飞鸟过元相管，
只怕时时燕蹴波。

燕子啊，你不要掀起水波。这首《燕谷》表达了诗人想像露草、清塘一样干干净净地生活的清雅之志，这首历来为文人所称道的汉诗是退溪18岁时创作的。下面这首《感怀》写于19岁：

独爱林庐万卷书，
一般心事十年余。
迩来似与源头会，
都把吾心看太虚。

退溪20岁时废寝忘食地研读《周易》。按西方的观点来看，《周易》是研究事物变化原理的哲学，相当于辩证法的范畴。就像马克思大学时代醉心于黑格尔的辩证法一样，退溪也沉醉于周子的哲学。

希腊人通过寻找世界的基本元素来研究哲学，东方的智者们则通过探寻宇宙的本来面目来研究哲学。古希腊人先后认为宇宙的基本元素是水、火、气、土，后来将四者综合，提出了四元素说；东方人用水、火、木、金、土的五行理论来解释宇宙万物。如果说两者有什么差异的话，就是西方人将气视为基本元素之一，而东方人则将木、金纳入基本元素，木和金是农耕文化的反映。

东方人将宇宙浓缩为阴阳，阳是运动的气，阴是静止的气，白天阳气消散后，晚上阴气就会产生，晚上阴气重，白天阳气旺盛。东方的阴阳说就建立在农民朴素的春播秋收的常识之上。

> 无极而太极，太极动而生阳，动极而静，静而生阴，静极复动，一动一静互为其根，分阴分阳两仪立焉。阳变阴合而生水火木金土，五气顺布四时行焉。五行一阴阳也，阴阳一太极也，太极本无极也。

这是《圣学十图》中的太极图说的开篇。退溪所说的太虚就是太极，太极就是无极，就如混沌理论所说，这是天空和大地分开之前的状态，即太极和太虚。我不知道这是知识分子头脑中的观念，还是宇宙的真正本源，也许我们都想做把握宇宙的第一人吧。

世间之气

花潭徐敬德①因朝鲜名妓黄真伊而广为人知，他面如朗月，目光如炬，因品行高洁历来为后人所称颂。徐敬德有一篇既非诗也非随笔的文章，通过这篇特殊的文章，我们可以把握他关于气的思想。

> 风者，气也。气充塞其间，就像水弥漫在溪谷间一样，没有空缺的地方。没有风的时候，虽然我们看不见风的聚集和飘散，能说气是空的吗？正如老子所云“虚而不屈，动而愈出”，一挥动扇子，气便被挥动，荡涌成风了。

花潭这篇有关扇子和风的文章，核心思想在于宣称“风者，气也”。不论是下雨、下雪、结霜，还是地气蒸腾，都是

① 朝鲜李朝唯物主义哲学家。字可久，号食斋、花潭。著有《太虚说》《理气说》《原理气》《鬼神死生论》等哲学论著。

气的现象，宇宙间到处都充满了气。

现在我的眼前什么也看不见，什么也抓不到，只有虚空，但是只要打开电视，就会出现画面。空中四面八方都有电波在动，电视机抓住的只是其中的一条电波而已。所以说，这个什么也看不见、什么也抓不到的空间并不空旷，它被什么东西充满着，是什么呢？就是“气”。

理为什么会出现？

古人的思维是朴素的，他们将世间万物分为阴阳二气，直到宋朝的性理学时期，“理”这一哲学概念才登场，用以解释宇宙的产生和变化。在理、气二者之中，理被认为是根本，是主宰。让我们一起来翻看一下退溪的弟子德弘金诚一的课堂笔记吧！

德弘：什么叫作理？

退溪：造船行于水，造车行于陆，都叫作理。

德弘：每个人都一样获得了气，为什么会气质不同呢？

退溪：人有高低之分，那是因为人的阴阳五行彼此不同。

德弘：天道是理，阴阳五行是气吗？

退溪：理是形而上之道，气是形而下之器，道是一切事物产生的根本，器是盛载事物的器具。人物皆禀天地之理以为性，皆受天地之气以为形，理、气既不相杂，又不相离。（选自《退溪评传》）

我真希望哲学的争辩到此为止。从此产生了理为先的二元价值观，开始了理先气后、理本气末、理善气恶等无谓的概念游戏。我先你后、我是主人你是客人、我好你不好，这种互相比较、对立的方式不是天生自然的方式，完全是世俗社会的反映。

无极之真，二五之精，妙合而凝，乾道成男，坤道成女，二气交感化生万物。万物生生而变化无穷焉，惟人也得其秀而最灵，形既生矣，神发知矣，五性感动而善恶分，万事出矣。圣人定之以中正仁义而主静，立人极焉。（选自《圣学十图》）

太极图说从宇宙观谈到了人生观，阴阳对人来说就是男女，人因为精神的作用产生了智慧。太极图说中的神不是西方的神，是指天之气，气可以渗透到人的大脑中。人中之人、人中之极的圣人用仁义来统治天下，性理学从宇宙存在论谈到了人类价值论，而价值论才是性理学的重心。

> 故曰："立天之道，曰阴与阳；立地之道，曰柔与刚；立人之道，曰仁与义。"（中略）君子修之吉，小人悖之凶。

天、地、人，东方人的哲学总是愿意将三者统一在一起。人们希望按照天地之理来生活，希望顺应天命不违逆它，希望有一颗善良正义之心，人们追求仁义之德，也希望因此得到最大的回报。

但是说到底这是什么呢？"君子修之吉，小人悖之凶"，所以小人需要得到君子的教导，这才是关键。柏拉图在提出理想国的构想时，他的出发点是将领导层的位置留给哲人们，同理，性理学者们在讨论太极、阴阳和仁义时，也给士大夫铺好了权力之路。

退溪留恋溪谷的原因

50岁以后，退溪在故乡幽静的溪水边创办了陶山书院，他一边教导慕名而来的弟子们，一边埋头于性理学的研究和著述。朝廷先后任命他为成均馆大司成、弘文馆和艺文馆的大提学、工曹判书、礼曹判书、议政府右赞成、判中枢府事等高官，李滉却屡屡请辞不受，实在推托不了，他就为官一段时间再谢退返乡。

> 掩盖自己的愚蠢、占据官位此为不当之一，以病弱之躯无所事事侵占俸禄此为不当之二，欺世盗名此为不当之三，自知不可为官却为之此为不当之四，不是自己该做的事情却不知进退此为不当之五。（选自《退溪和高峰书信集》）

退溪阐述了自己不做官的五个理由，他不愿做官从根本上来说是因为他的志向在于治学和教育，此外接连不断的士祸，士大夫们战战兢兢、如履薄冰的生存状态也使退溪不愿出山。他这样写道：

> 我们国家的士人们只要是稍有志向、崇尚道义之人，几乎都会招致灾祸，我早就感到很奇怪。这其中有国小、人情淡薄的原因，另外也因为这些士人们自己未曾做好规划。所谓规划不好是指学问未成却勇于提升自己，不辨时事却勇于开拓，这就是失败的原因，举盛名负重任的人一定要警惕。（中略）所以不要过于勇于提升自己、勇于开拓，对任何事情不要过于自我主张。眼下正值隆冬时节，请务必为时代自我

珍重，谨此奉告。

1545 年，仁宗在即位 8 个月后去世，12 岁的明宗登上王位，明宗的母亲文定王后垂帘听政，外戚尹元衡专权，天下大乱。此后发生的乙卯士祸使许多士林儒生丢了性命，退溪也被罢免。

李滉 46 岁回到故乡，自号退溪，可以看出当时他已经立意要退出政坛。在被外放任丹阳郡守（9 个月）和丰基郡守（1 年 2 个月）之后，退溪辞官回乡。据说李滉在郡守任上时像被清风洗过一样，从不图一点私利，在公务之余就以读书为乐。有时一人超然漫步于山水之间，田野中人见了都说他像神仙。

1565 年，文定王后去世，尹元衡的专政也结束了。隐居乡间的 20 年，使退溪成了一个老人，他自号“退溪”就是对文定王后和尹元衡专政的反抗。在外戚专权政局纷乱之时，李滉选择了“放弃仕途，通过治学和教育来阐明正确的生存之道”，并将此当作自己的天命。

退溪和高峰的相遇

在我生活的地方，没有能与之痛快地讲论学问的人，偶尔有一两个知音同道，他们又忙于仕途无法脱身。我以老弱之身离群索居，常常担心有不通之处却无人问询。今天读到你的信，才知道湖南①竟有此等人物和此等高论，这在国内实属罕见，深为感叹，不胜钦慕之至。

退溪对高峰具有特殊的好感，从年龄上来说，两者相差 26 岁，但退溪从始至终都对这位可以做自己孩子的弟子非常谦虚而真诚。

---

① 湖南，韩国全罗北道和全罗南道的总称。——译注

高峰奇大升和为了科举及第做官而读书的一般年轻人不同，他做学问是真正想探求人生的真谛。1558 年，高峰在上京赶考途中先后路遇著名的大学者河西金麟厚和一斋李恒，并和他们就性理学的重要论题展开了讨论。到达首尔后，高峰对这些问题仍然十分感兴趣，于是拜访了逗留在首尔的退溪，并与他进行了讨论。当时退溪已 58 岁，他一度返乡专心向学，因为无法一再拒绝国王的召唤，暂时遵命来到了首尔。

退溪没有瞧不起或疏忽年轻的高峰，而是将他视为学者并十分尊重。高峰不同意退溪对郑之云《天命图说》所持的见解，并发表了自己的观点，退溪接受高峰的意见，修正了自己的想法，后来还特意写信咨询，由此两人展开了著名的“四端七情之争[①]”。

高峰，发起了挑战

退溪是朝鲜性理学的大家，他在气与理的关系上主张重理

① “四端”指仁、义、礼、智四种伦理观念的发端；“七情”是喜、怒、哀、惧、爱、恶、欲七种感情或心理作用。在朝鲜哲学史上，围绕着“四端”“七情”产生的根源问题，分成主理论和主气论两大学派，进行了长达 300 年之久的争论，世称“四、七论辩”。

的理气二元论，如果不是理先气后，性理学就失去了存在的意义，士人们也失去了存在的价值。退溪主张“理发而气随之，气发而理乘之”，仁义礼智四端之理发而气随之，七情之气发而理乘之，就像人骑马一样，理是驾驭着气的。

退溪的理气论可以比作士大夫坐轿。士大夫坐上轿子后，仆人们抬起轿子出发，出发去往哪里呢？仆人们的任务就是士大夫想去哪儿就抬到哪儿，虽然轿子是靠仆人们抬着走的，但轿子想走还得有士大夫来坐才行。

如果说退溪是真实反映朝鲜社会阶级对立的哲学家，那么栗谷[①]就是富有智慧的、想融合朝鲜社会阶级对立的哲学家。栗谷承认理无法脱离气单独存在，气只能活动于理中，并提出了“气发理乘一途说”的新观点。仔细想来，栗谷的观点和创立朝鲜王朝的郑道传的民本思想是一脉相承的，郑道传所谓的有百姓然后才有君主的思想，用哲学语言来表达就是“气发理乘”。

但是，不论是郑道传的民本思想还是栗谷的“气发理乘一途说”，实际上都是将君主的统治合理化的思想，都是把辅佐君主的士大夫的存在视为前提的理论。如果说退溪是将治者与被治者的关系比作坐轿的士大夫和抬轿的仆人的话，栗谷只不过是将两者比作了坐在别人肩膀上的人和提供肩膀给人坐的人（坐肩架的人和搭肩架的人）。世界要靠搭肩架的人改变，

---

① 李珥（1536—1584），号栗谷，朝鲜李朝哲学家、政治家、教育家。第三章有提到。

但是要在坐肩架的人的指引之下进行。栗谷认为“搭肩架人”之气和“坐肩架人”之理合二为一，世界才因此而改变。

比退溪年轻26岁的性理学者高峰奇大升向老师发起了思想挑战，如果说退溪和栗谷是在理先的前提之下，就理和气的相互关系展开了争论的话，高峰则彻底否定了理先这一前提。他认为，无论是仁义礼智之四端，还是喜怒哀惧爱恶欲之七情，都来自于人的内心，都称之为情。这是个严峻的挑战。

退溪和高峰的13年论争

退溪：我通过他人听说了你的“四端七情说”。我原本就觉得自己之前的说法不妥当，听了你的辩驳，更感疏谬。所以特更正如下，“四端之发纯理，无不善；七情之发兼气，故有善恶”，不知可否？

高峰：如果说“四端之发纯理，无不善；七情之发兼气，故有善恶”，就是将理和气判为两物了，也就是说七情不出于性，四端不乘于气了。这样一来就有错误，后学之辈不可能不怀疑。

高峰勇敢地打破了前辈学者们“仁义礼智四端发于理”的惯常思维。仁义礼智有什么特别之处吗？四者也属人心，它们与“喜怒哀惧爱恶欲”在本质上有什么不同吗？

从逻辑上来说，高峰是正确的。如果说仁义礼智是人之理，那么喜怒哀惧爱恶欲同样也是人之理；同理，如果说喜怒哀惧爱恶欲是人之气，那么仁义礼智同样也是人之气。因为悲伤所以有仁，因为愤怒所以有义，看到不幸之人不感到悲伤，看到不义之事不感到愤怒，这样的人怎么可能修炼出仁和义呢？

高峰的质疑可以用当时的社会现象来解释。两班贵族[①]和贱民都是一样的人，贱民之心与两班之心相同。士大夫追求的四端在百姓纯朴的生活中也存在，原以为普通人才会流露的喜怒哀惧爱恶欲，两班统治阶层其实流露得更多。冠冕堂皇地号称修养仁义礼智的士大夫们，在过去的200年间互相残杀的恰恰是他们。高峰的“理气一元论”与栗谷相比更有说服力，与退溪相比也更具平等精神。退溪又是怎么应答的呢?

> 大抵义理之学，精微之致，必须大著心胸，高著眼目，切勿先以一说为主。虚心平气，徐观其义趣。（中略）夫讲学而恶分析，务合为一说，古人谓之囫囵吞枣，其病不少。而如此不已，不知不觉之间，骎骎然入于以气论性之弊，而堕于认人欲作天理之患矣，悉可哉?
>
> 近因看《朱子语类》论孟子四端处，末一条正论此事。其说云：“四端是理之发，七情是气之发。”古人不云乎？不敢自信而信其师。朱子吾所师也，亦天下古今之所宗师也。则请以朱子本说代之，而去吾辈之说，便为稳当矣。如何如何?

---

① 简称两班，为古代高丽与李氏朝鲜的一个社会阶层，处于社会等级制度的顶端，主体为士族与官僚。

退溪给高峰的回信简明扼要，朱子曾经说过“四端是理之发，七情是气之发”，让我们都抛弃一己之见，接受朱子的观点吧！但是年轻的高峰并没有因为朱子或退溪的权威而止步不前，鹿就是鹿，马就是马，不能指鹿为马是士大夫的正直气节。

> 我不能苟同老师您所说的“四端是纯理，七情感应于外界的形气，并不是发于气的本体，因此四端和七情的渊源不同”，凡是人的七情，都是一样的。
>
> 如果说七情中有两种善，就会产生一种善发于理，另一种善发于气的怪论。真不知道我和老师孰对孰错。
>
> 如果四端发于仁义礼智之性，那么七情也发于仁义礼智之性。情表现于外，似乎是作用于外物，其实是发自于内心。四端和七情都发自于内心，若心是理气之合，情就兼具理气。如果说情感应于物而动，四端也是一样，它发之前为理，发之后即乘气而动。四端也是气。

高峰毫不畏惧地指出如果四端是理，七情就是理，如果七情是气，四端也是气。朝鲜王朝一直将朱子的性理学奉为正统，因此高峰提出的“理气一元论”是相当危险的学说。从逻辑上来看，高峰是正确的，但他的观点所具有的社会意义却是十分危险的，退溪担心的大概是这一点，年轻人说话不瞻前顾后会惹出麻烦……

前者远垂辱书，副以论诲四端七情书一册，其不弃愚妄，谆谆开晓之意，至深切矣。会值小冗，不克究心悉意于其间，辄自徇便，粗先作报，付回使去后始伺疾病稍间，得以玩读思绎，欲窥其绪论之一二。则旨意渊深，援引浩博，驰辞骋辩，不穷不测。

高峰的论述都引经据典，退溪想一一反驳十分困难，但决不能因此而退却。高峰，你真的主张四端是气吗？

你是认为四端发于气吗？如果四端中有些许气的话，就不可能保持天理本然之貌。四端之发纯理，无不善；七情之发兼气，故有善恶。

将喜怒哀乐和仁义礼智对举，确有新意但不完善。你的所论也有不妥，需再做考虑。

尊重弟子的老师

退溪作为朝鲜儒生的业师，对待比自己年轻26岁的高峰却十分恭敬，耳顺之年的大学者对刚过而立之年的年轻后学毕恭毕敬，在我们看来是很具冲击性的。退溪尊重高峰，礼数周全，在长达13年的“四端七情之争”中，居于安东的老师和居于光州的弟子，通过书信往来延续了这场论辩。

> 特寄上《圣学十图》，不知可否勘误后寄回？请勿外传。

到弟子回信后，退溪回：

> 拜谢令公。你的指教令我不胜感激，疏于考据之处你还都做了标识，深感荣幸。

退溪能够敞开胸怀倾听弟子们的建议，是位在真理面前很谦虚的大学者。《圣学十图》是退溪耗尽毕生心血写就的性理学著作，后来献给了国王，退溪请高峰对初稿做了修订。虽然光州和安东远隔千里，他却接受了弟子的建议，“我想按照你的提议，添上一句‘天地之大，无处藏身’，”还一再追问：“我想把‘虽有所遗漏’改为‘虽无所遗漏’，你看如何？”

对于老师，高峰也有一物相求，那就是老师的墨宝。“闲暇之余，可否书写‘中庸’两字送我？我想平生自勉。”同时，弟子高峰为博得老师欢心，在信札中还写道：“赠团扇两把，请哂纳。另呈送冻鱼和野鸡各一只，请笑纳。”这份师生之情真是温馨。

《圣学十图》是1568年68岁的老学者退溪献给17岁的少年宣祖的一本小册子。16岁登基的少年国王即位伊始就任命了退溪，并多次督促他上任，退溪先是推辞，第二年7月再次被任命为判中枢府事后上京就任。第二年8月，退溪献上了凝聚自己政治思想精华的《戊辰六条疏》，并在经筵中做了几次讲解。但是退溪因年老体弱深感力不从心，对年幼的国王的理解力也感到无能为力，于是决定为了国家社稷做完最重要的事情后就抽身而退。下文《进圣学十图劄并图》中的内容很好地说明了他当时的心境。

顾臣学术荒疏，辞辩拙讷，加以贱疾连仍，入侍稀罕，冬寒以来，乃至全废，臣罪当万死，忧栗罔措。臣窃伏惟念当初上章论学之言，既不足以感发天意，及后登对屡进之说，又不能以沃赞睿猷。

那么，“四端七情之争”的结果又如何呢？退溪虽然认为弟子的论辩从逻辑上来说是正确的，但如果全盘接受高峰的观点，性理学的根基就坍塌了。高峰虽然思辨能力优秀，但退溪还是担心他缺乏整合世界的智慧，退溪希望高峰成为品格高尚的人，也希望他成为一个成熟的政治家。退溪 72 岁时去世，不久正值壮年的高峰也离世。

一直以来我对“物格”和“无极而太极”的观点都是错误的。

退溪去世前写给高峰的信中这样写道，这是我们无法企及的境界。茶山[①]赞道：

闲里缘看物物忙，就中无计驻年光。
半生狼狈荆棘路，七尺支离矢石场。
万动不如还一静，众香争似守孤芳。
陶山退水知何处，缅邈高风起慕长。

① 丁若镛，号茶山，朝鲜王朝后期实学家。——译注

《圣学十图》

朝鲜王朝中期学者李滉以图说的形式解读圣学概要的著作，该书又名《进圣学十图劄并图》，收录于《退溪文集》内集和《退溪全书》。该书是李滉为了给宣祖讲论经史，从众多性理学者的图说中选取了必要的内容并配以图表编撰而成的。"进"和"劄"指向国王进献简短的文字，"并图"意为著中配图，简称为《圣学十图》。

圣学泛指儒学，也有为成为圣人而研读学问的意思。十图指太极图、西铭图、小学图、大学图、白鹿洞规图、心统性情图、仁说图、心学图、敬斋箴图和夙兴夜寐箴图。

第7章

我的胡子没有犯叛逆罪

托马斯·莫尔 Thomas More

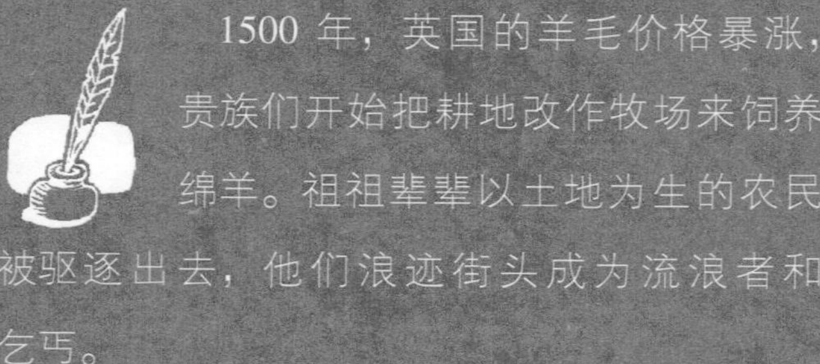

1500年，英国的羊毛价格暴涨，贵族们开始把耕地改作牧场来饲养绵羊。祖祖辈辈以土地为生的农民被驱逐出去，他们浪迹街头成为流浪者和乞丐。

托马斯·莫尔是拥有纯洁良心的法官，以公正、快速地处理案件而闻名，面对这样的社会现实他不能袖手旁观。在《乌托邦》中，莫尔揭露了当时英国农民的悲惨生活，《乌托邦》第一部分中出现的“羊吃人”名言就是他对自己所处时代的辛辣讽刺。除了这句敲响时代警钟的名言，莫尔还主张废除私有财产、两年城乡间交换生活、居民自治制、每天工作6小时、市民是国家的主人等，这就是他梦想的“乌托邦”。

托马斯·莫尔因为拒绝国王不合理的要求被送上了断头台，但他直到最后也没失去从容和乐观。他是英国的苏格拉底，他把自己的灵魂和良心看得比死亡还重要。

英国大法官托马斯·莫尔，他的灵魂比白雪还纯洁，在伟大的哲学家辈出的英国从来没有过像他这样的天才，而且以后也不可能再有。

文艺复兴时期欧洲伟大的人文主义者，因《愚人颂》而闻名的伊拉斯谟这样称赞托马斯·莫尔。

1477 年，托马斯·莫尔作为律师约翰·莫尔的长子出生于伦敦，他 14 岁时进入牛津大学学习希腊语，后在林肯法学院学习法律，21 岁获得律师资格。直到 25 岁，莫尔都梦想着成为一名修道者，他之所以放弃修道生活，是因为不能舍弃对婚姻生活的渴望，因此他选择与其做一个不纯洁的神父，不如做一个纯洁的丈夫。

结婚后，为了防止自己沉溺于世俗的安乐生活，莫尔一直没有脱下修道期间穿的粗糙内衣，他总是穿着僵硬刺身的粗毛衫，然后再在外面套上官服。在下院[①]期间，莫尔因反对亨利七世向百姓苛以重税丢了议员的职位，其后一段时间他专注于古典翻译工作。1509 年亨利八世即位后，莫尔又满怀对新时代的希望重返政界。

1515 年，莫尔前往佛兰德就英国的羊毛出口问题进行谈判，期间完成了《乌托邦》一书。因为成功签署了与佛兰德的通商协议而得到了国王的信任，1529 年莫尔被任命为大法官。

“Lord Chancellor” 意为大法官，相当于现在国会议长、大法院院长和国务总理三者权力的总和，在英国历史上这是首次由世俗之人而非神职人员登上这一职位。托马斯·莫尔是拥有纯洁良心的法官，他以公正、快速地处理案件而闻名，百姓们对他赞不绝口，甚至在歌曲中唱道：“莫尔当政大法官，所有诉讼都解决，莫尔这样的大法官，以后不可能再出现。”

羊吃人

《乌托邦》的第一部分揭露了 1500 年当时英国农民的悲

---

① 国会。

惨生活，吃人的不是狮子而是羊……莫尔辛辣的讽刺并不是想象出来的，而是来自他生活的时代。

盗窃犯动辄被处以绞刑，我曾见过一个绞刑台一次处死了20人。

随着英国佛兰德毛纺织工业的发展，羊毛价格飞涨，英国贵族们纷纷把耕地改为牧场开始饲养绵羊。所谓的圈地运动，是将祖祖辈辈靠耕地维持生计的农民野蛮地从耕地上驱逐出去。对于一直在自己的领地上提供劳役、进献生产品的农奴，领主们放弃了自身在维持这一共同体中所应尽的起码义务。领主们养羊赚大钱的贪欲瓦解了原有的封建关系，但是被驱逐的农民们还没做好迎接新的生产关系的准备，他们无处可去，浪迹街头成为流浪者和乞丐。

流浪者被抓住后将处以鞭刑，他们被绑在马车后面打得鲜血直流，如果第二次被抓就割耳，第三次被抓将被视为敌人并处死。1572 年按照伊丽莎白一世的法律，乞丐如果找不到雇主雇佣他，将被处以严厉的鞭刑并在耳朵上烙印，再犯的话如果找得到雇主可以活命，第三次被抓将无一例外地作为叛逆者处死。在亨利八世统治时期共有 72000 名流浪者被处死，伊丽莎白一世时期每年都有 300 名盗窃犯被拉上绞刑台。

> 这个处罚盗窃犯的方法不公平，也没有社会意义，处罚过于残酷，对于抑制盗窃也毫无效果。

身为法律专家，莫尔指出，对盗窃犯的处罚是残酷的，同时他还尖锐地指出，这样做并没有产生任何警诫作用。应该处以死刑的不是盗窃犯，而是使盗窃犯大量出现、制造社会混乱的始作俑者。莫尔认为，盗窃犯大量出现是当时英国社会经济的产物。

> 人们之所以偷盗，另有原因，那就是羊。你们的绵羊本来那么驯服，吃一点点就满足了，现在却变得很贪婪凶残，甚至要把人吃掉。

“羊吞噬农村”是一种辛辣的讽刺。一名贪心的地主用栅栏圈起数千英亩的农田，使数百农民沦为乞丐。看看犯罪的社会原因吧！驱逐农民的英国贵族正是元凶，教会和国王就是他们的帮凶！莫尔继续愤怒地指责统治阶级的坐享其成和不仁不义。

杜绝这种病态的行为吧！让破坏农场的人重新将土地复原，或者把土地归还给农民！应该制定法律不让一小撮富人占有市场，不要让众多的坐享其成者成为懒惰的蛀虫！

我们应该注意的是，莫尔并没有将个人的不幸归因为个人的运气，而是从病态的社会关系中寻找原因。流浪者、乞丐和小偷生活悲惨并不是因为他们的运气不好，而是因为一小撮富人掠夺土地、垄断物资，使大众陷入了贫困之中。莫尔认为向国王进谏、纠正社会的不道德行为是哲学家的义务，因此他努力揭露英国社会的丑恶。

柏拉图说过，幸福的国家一定是哲学家做国王，或者国王学习哲学。

但是，国王们不会全盘接受哲学家的忠告，因为他们从小就深陷错误的思想之中。莫尔知道，一旦哲学家向国王建议修改制定好的法律，哲学家要么被驱逐，要么被当成傻瓜。

乌托邦计划

柏拉图在创建他的“理想国”时废除了统治者的私有财产，他的共妻制是政治领导者保持清贫的基本条件。柏拉图认为，如果有妻子，就会贪恋私人利益，贪恋私人利益就会滥用权力，最终无视国家的公共利益。现在，莫尔又向前迈了一步，他主张废除整个社会的私有财产，准确地说是废除贵族和教会的“土地私有权”。

> 财产私有的社会、一切都用钱来评价的社会是不可能实现正义和繁荣的，因此柏拉图没有为拒绝财富平等的阿卡迪亚制定法律，所有理智的人都认为财富的平均分配是一个健全社会的必要条件。只要不废除私有财产，就不可能实现财富的公平分配。

莫尔并不是不知道，一旦废除私有财产，实行财产公有制，人们将不会努力工作，他知道如果没有“利益”的刺激，人就会懒惰，表现出依靠他人劳动的秉性。这是个重要的问题，也是个难题。但是，如果不废除土地私有权，不废除贵族的封建支配权，就不可能实现社会正义。莫尔梦想着一个没有贵族的社会，一个生产者共有土地的社会。《乌托邦》的第二部分是这样开篇的：

> 岛的中部最宽，达 200 英里，全岛大部分不亚于这样的宽度，只是两头逐渐尖削，整个岛的周长有 500 英里，全岛呈新月状，两角间有长约 11 英里的海峡。岛上有 54 个城市，使用共同的语言和法律，人们都认为自己是土地的耕种者，而不是所有者。

托马斯·莫尔建立了一个有英国一半大小的乌托邦岛。柏拉图的理想国偏重于哲学思辨毫无趣味，而莫尔的乌托邦则散发着生活的味道充满情趣。

> 城里人来到农村干两年的农活，然后再返回城市。秋收的时候，公务员们向市政府汇报需要多少劳动力，这些收割大军从城里来到农村，天气好的时候24小时之内就收割完毕。

“两年城乡间交换生活”是乌托邦引以为豪的第一个计划。对人来说农业劳动是健康生活的基础，我们的祖先就是在耕地、饲养家畜、伐木的生活中延续下来的。莫尔没有让农民们单独承担农业劳动，而是计划让城里的居民在农村生活两年，尝试一种城市生活和农村生活的融合。

莫尔生活的16世纪初，英国的封建贵族逐渐没落，新兴工商业者成长起来，但要等到提出“主权在民”说的洛克的出现还需100年。在这一时期，“基于居民自治的政治体制”的提出可以说是划时代的设想。正是在这一点上，莫尔的乌托邦和柏拉图的理想国分道扬镳了。

乌托邦的人口有6000户。建立共同体的时候最基本的要素是成员的人数，人数越多，越难以形成共同体；人数少，共同体才能变为现实。我们继承的最后的共同体是家庭共同体，乌托邦的6000户人口是很理想的，令人想起希腊的城邦国家。

每30户居民选出一名居民代表，叫摄护格朗特，按今天的称呼就是基础议员。共选出200名摄护格朗特，在此基础上再选出20名特朗尼菩尔，即市议员，然后再选举市长。不论是市长还是特朗尼菩尔，都不能独断专行地决定重要的议案，所有的议案都要提交给摄护格朗特大会。这真是个了不起的构想。韩国1990年才开始实行地方自治制度，而莫尔在500年前就设想出了居民自治制，想象力真是了得！

所有市民都当家作主的国家

在柏拉图的《理想国》中，重大事项的决定权掌握在哲人统治者手中，生产者只是发挥天生才干的匠人而已，他们只需将自己的技艺发挥到极致并听从统治者即可，这是生产者的美德和节操。在莫尔之前，会说漂亮话的哲学家很多，但是以勤劳大众的劳动为中心构想社会的思想家则没有。《乌托邦》之所以在政治思想史上具有划时代的意义，就是因为它把大众抬升到了社会主体的地位。在柏拉图的理想国中生产者是哲人的统治对象，而对莫尔来说，生产大众是乌托邦的主人，在这一点上二者截然不同。

市民不分男女都要学做农活，农活是儿童教育的必修课程。孩子们在学校中学习农业原理，并定期到田野中实习，他们不仅要参观农业生产，还要直接参与其中。除务农外，人们还要掌握一门特殊的技术，毛织、麻纺，或者学做石匠、铁匠及木匠。

莫尔在《乌托邦》中设想农业劳动和工业劳动、城市和农村的融合，设想人是能够同时完成体力劳动和精神劳动的全能人。他并不认为只从事一项工作的分工劳动是人的宿命，构想人们能够在社会中发挥自己的全部才能，做衣服、在木工房中做书桌、盖房子、种白菜、捕鱼……从劳动开始培养全能人。

分工给人类带来了惊人的生产率，但同时也使人类丧失了曾有的生产能力。现代社会从总体上来说比过去的任何时代都拥有可资自豪的生产率，但同时也造就了比过去的任何时代都无能力、无感觉的人。劳动时间的缩短是分工带来的生产率提高的唯一价值所在。

乌托邦人一天工作6个小时。上午工作3小时，吃过午饭后休息2小时，下午再工作3小时，然后吃晚饭，他们每天睡8小时，剩余时间按兴趣自由支配。人们业余时间接受教育，每天早晨举办公开讲座，不论男女都成群结队前来，他们可以按照自己的兴趣选择合适的讲座来听。

乌托邦人每天工作之余接受教育，以此来实现莫尔哲学所提倡的融合体力劳动和精神劳动、享受全能人的生活，而且在这一教育中是没有男女差别的。法国大革命时期罗伯斯庇尔[①]提出了普选和全民教育的主张，对1793年法国巴黎的市民来说，普选和全民教育是不敢想象的。女性获得参政权是20世纪初的事情，为了实现男女在政治和教育中的平等，无数的思想家和革命者流下了汗水和鲜血。

缩短劳动时间，延长自由时间

乌托邦中被免除日常劳动的人不超过500名，他们是摄护格朗特、学者、外交官、神职人员、特朗尼菩尔……

---

① 罗伯斯庇尔（1758—1794），法国大革命时期的政治家，是雅各宾派的实际首脑及独裁者。

为什么要把免除日常劳动的人数降到最低？除了少数知识分子，莫尔让所有市民都参加生产活动的意图何在？目的就是缩短每个从事生产者的劳动时间，将生产生活必需品的劳动时间最小化，尽可能地延长自由时间。如果生产率提高了却不缩短劳动时间，就意味着提高生产率的目的变成了增加特定少数人的私有财产。

你是否和托马斯·阿奎纳①一样，认为人是为了神而存在的？还是和亚里士多德一样，认为人是为了自己的幸福而存在的？无论做出哪一种选择都是你的自由。你是否和康德一样，认为人的幸福在于遵守道德义务？还是和边沁②一样，认为人的幸福在于快乐的增加？无论追求什么都是你的自由。乌托邦不干涉你的哲学、价值观和志趣。乌托邦所有事业的目的都是为了缩短维持生计所需的劳动时间，延长自由时间。幸福需要

---

① 托马斯·阿奎纳（约1225—1274），中世纪经院哲学的哲学家和神学家，死后被封为天使博士或全能博士。他是自然神学最早的提倡者之一，也是托马斯哲学学派的创立者。代表作：《神学大全》。

② 边沁（1748—1832），英国法理学家、功利主义哲学家、经济学家和社会改革者。

你自己去寻找、自己去享受，乌托邦的目的在于保障所有市民拥有享受幸福生活的条件。

日帝统治时期，领导独立运动的社会主义者们曾提出一天工作7小时，每周工作40小时的主张，而托马斯·莫尔在500年前就提出了每天劳动6小时的主张。令人感叹的是我们的无能，与500年前相比虽然可以骄傲地说我们的生产率提高了100倍，但是仍然没有实现每天工作6小时。

美国在20世纪50年代需要花50小时生产的产品，今天只需要12小时就能生产出来，生产率提高了3倍。韩国20世纪80年代的生产率是30%，21世纪的生产率是200%，提高了6倍，也就是说20世纪80年代我们每周工作70小时生产的产品，现在每周工作10小时就能生产出来。

提高生产率却不缩短劳动时间，意味着劳动者创造的价值都流向了不劳而获者的手中，不仅如此，提高生产率却不缩短劳动时间，就意味着有相应的劳动者被逐出了生产领域。雇佣劳动者的生产能力越高，雇主的解雇能力就越大，再没有比这更令我们痛苦的观点了。生产率提高了1倍，劳动时间如果没有缩短一半，两名劳动者中就会有一名失去工作。威胁社会安定的临时工问题和青年失业问题应该如何解决？我们需要向莫尔学习一下。

政府宣布缩短劳动时间，乌托邦不强迫市民从事不必要的劳动。经济活动的主要目的是满足社会需求，应尽可能减少体力劳动时间，保障人们有尽可能多的自由时间。因此每个人都致力于开发自己精神世界的活动，他们认为这才是人生的快乐。

他们不把贵金属当作宝物，没有一个人赋予铸钱的金银昂贵的价值，金银真正的价值远逊于铁，他们瞧不上金银。乌托邦人不理解的是，天空中有闪烁的星辰和太阳，人们为什么会被小块石头的微弱光芒所迷惑。

现在莫尔讲述的是所有圣贤都追求的朴素生活。人戴上贵金属就变得伟大了吗？人穿上毛皮的衣服就更优秀了吗？人有钱就值得尊重吗？越是内心充实的人越不会重视这些外在的装饰，越是内心空空如也的人越需要通过外在的条件来填补自我的空虚。电视中“开上雅尊[①]，人生从此辉煌”的广告词，不过是对我们的一种欺骗而已。

> 他们思考德行和快乐，讨论幸福是什么，他们拥护快乐，倾向于认为人的幸福在于快乐。但是他们主张，构成幸福的不是所有快乐，只是正当、高尚的快乐。

关于快乐问题，托马斯·莫尔更倾向于认可亚里士多德而不是柏拉图的观点。在柏拉图的理想国里，统治者们必须严格地共同生活在一起，过着禁欲的生活，节制欲望是正当、高尚生活的基础。亚里士多德与为了理想国的实现节制人类欲望的老师不同，他对欲望的达成持肯定的意见，人的幸福不能为了某些高级价值而牺牲，幸福是生活至高无上的目的，快乐只要有助于幸福，它就是正当的。

当然，对于哲学家来说，最大的快乐来自于冥想、观照自心的精神愉悦。托马斯·莫尔和亚里士多德一样都赞成精神的快乐，他明确反对把野兽撕得粉碎的狩猎之乐，关于快乐，莫尔与亚里士多德的“中庸”之道是一致的。

---

① 韩国现代轿车的一款型号。——译注

女子到18岁才可以结婚，男子要再等上4年，如果男女在婚前被证明私通，将受到严重处罚，并将永远被剥夺结婚的权利。

令柏拉图头痛的婚姻制度对莫尔来说也是个麻烦事，柏拉图因为主张夫妻共有制而成为笑柄，莫尔则因为禁止婚前性行为再次成为我们的笑柄。柏拉图为了彻底地贯彻男女平等的原则，将男女都裸体送到了运动场上；现在莫尔为了执行婚前守贞的原则，则强制要求新郎新娘在婚礼之前裸体接受检查确认是否贞洁。

货币消失就是贫穷消失

在乌托邦，私有财产不存在，人们都为社会而努力工作。在乌托邦，一切归全民所有，不用担心短缺什么。在乌托邦，金钱消失，赚钱的欲望消失，随之因为钱而产生的罪恶也消失了。金钱使用的终结，意味着欺骗、盗窃、抢劫、吵架、纠纷、叛乱、杀人、背叛、毒杀等犯罪行为的终结，金钱消失，随之不安、紧张也就会消失。是的，如果贫穷意味着金钱的缺乏，那么货币消失就意味着贫穷的消失。

莫尔写下这段文字的16世纪，正值资本的原始积累时期，是资本主义经济结构在封建的经济结构中形成的时期，也是资本呱呱坠地、在人类历史舞台上崭露头角的时期。在商人们囤积于金库的金银刚刚开始转化为资本的时刻，就梦想着没有货币的世界，这一背道而驰的观点真是罕见。莫尔盼望着由货币引起的欺骗、盗窃、抢劫、吵架、纠纷、叛乱、杀人、背叛、毒杀等犯罪行为终结，希望金钱引发的不安和紧张消失，但是他如此热盼消失的英国货币却成长为资本，犯下了累累罪行，征服和猎奴、掠夺和杀戮，这些大规模的暴力行为是世人皆知、臭名昭著的历史事实。

资本在原始积累时期采用的方法绝不是和平的方法，美洲金银的发现、原住民的歼灭和奴隶化、矿山中的活埋、对东印度的征服和掠夺、非洲变成买卖黑人的狩猎场，这些都宣告了资本的诞生。在莫尔写作《乌托邦》的100年后，货币没有消失，掠夺他人劳动的资本兴旺发展起来，在英国助力过资本诞生的原始积累因素发展成为殖民制度和国债制度、近代的租赁制度和贸易保护制度，这些制度都基于残忍的暴力手段，殖民制度就是很好的例子。

虔诚信奉新教的新英格兰清教徒1703年通过议会决议，

为一张印第安人的头皮或一名俘虏悬赏 40 英镑。1720 年，一张头皮的赏金升到了 100 英镑，1744 年，在马萨诸塞地区一张 12 岁以上男子的头皮为 100 英镑，男性俘虏为 105 英镑，女性或儿童俘虏为 55 英镑，女性或儿童的头皮为 50 英镑。英国议会宣布，杀戮和剥头皮是“神和自然赋予我们的手段”。

“羊吃人”，羊“夺走”了农民的土地，将他们变为城市中的雇佣劳动者，为此 16 世纪的绞刑台上曾一次就绞杀了 20 人。为了由此诞生的英国资本，为了打开世界市场，18 世纪的美洲大陆目睹了印第安人被大量屠杀，所以，“如果说货币是半边脸上带着天生的血印来到世间的，那么资本来到人间，从头到脚，每个毛孔都流着血和肮脏的东西”。

“人们有需要的物品，只要到商店去就行了，不论需要什么东西都不用付钱，都可以拿走。”莫尔所梦想的没有货币的乌托邦还不存在，还只是个乌托邦，但莫尔梦想的居民自治制、男女平等都已经实现，每天工作 6 小时对我们来说是未来的事情，但在挪威和荷兰已经成为现实。我们最好不要妄下断语，说货币是所有犯罪的温床和所有不安、紧张的根源——更不要说什么没有货币的世界一定不会来到。就像切 · 格瓦拉所说，做不可能的梦，并为这个梦想的实现而献身吧！

我的脖子短，砍的时候要小心

莫尔被判处死刑的原因很简单，教皇不承认亨利八世和王后凯瑟琳离婚并和安妮再婚，莫尔对国王的再婚保持沉默。从大法官的职位上退了下来，也没有参加新王后安妮的加冕典礼。亨利八世畏惧莫尔的公众影响力，不能容忍他的沉默，莫尔的老朋友诺福克公爵诚恳地劝告他："如果招致君主的愤怒，就只有死路一条。"莫尔说："如果只能这样的话，你我的差别只是我今天死，你明天死而已。"

最终，亨利八世通过了他和安妮王后的子女继承王位的法案，法案宣布教皇无权裁决国王的婚姻，并命令莫尔宣誓承认。莫尔因拒绝宣誓被以叛逆罪名义逮捕，被关进臭名昭著的伦敦塔长达 15 个月，1533 年被移送至威斯敏斯特接受审判。虽然家人和朋友们都力劝莫尔逃往国外，但他拒绝了，就像苏格拉底拒绝了朋友克力同亡命天涯的劝告一样。艰苦的牢狱生活使莫尔的身体非常虚弱，精神几近昏迷，但他还是凭着卓越的才智在法庭上战胜了法官。

登上断头台时，莫尔也没失去他的从容和乐观，反而对刽子手开玩笑说："我的脖子短，砍的时候要小心。"还说

“我的胡子可没犯叛逆罪”，并把脖子往前伸，以免砍着了胡子。

托马斯·莫尔，他是英国的苏格拉底，他把自己的灵魂和良心看得比死亡还重要。

《乌托邦》

本书是英国政治家、人文主义者托马斯·莫尔在1516年发表的空想小说，原标题是《关于最完美的国家制度和乌托邦新岛的既有益又有趣的全书》。该书分两部分，第一部分用讽刺的手法批判了当时英国的政治经济矛盾状况，第二部分提供了解决方案，即托马斯·莫尔梦想的理想社会。生活在共和国中的人们每天工作6小时，剩余时间可自由支配，发展自己的业余爱好，必需品可到市场的仓库中自由拿取，实现居民自治制。《乌托邦》是反映文艺复兴时期人文主义精神的近代小说的嚆矢之作。“乌托邦”中的“u”意为“没有”，“topia”意为“场所、地方”，合在一起是“哪儿也没有的地方”，这部作品出版后它才有了“理想乡”的意思。

第 8 章

利己主义对你们有益

亚当·斯密 Adam Smith

一边左右摇晃着脑袋一边埋头思索，不慎掉进路边的水坑，穿着睡衣徘徊在家门外，这位天生具有学者气质的年轻人就是亚当·斯密，他在思考些什么？

“我们能够吃上饭，并不是肉铺、酒家、面包店老板的善举，而是因为他们的利己主义。除了乞丐，任何人都不能只依靠市民的善举活着。”

亚当·斯密认为利己主义是引导现实生活的动力，国家的介入不起作用，所有人都在改善自我环境的欲望驱使下追求私利。在“看不见的手”的作用下经济活动自然产生了，结果促进了公共利益，这就是被称为经济学圣经的《国富论》的核心内容。同时，亚当·斯密在他的第一部著作《道德情操论》中也指出：“人无论多么自私，在人的本性中还存在着道德情操。”

应该如何解读人的利己主义和道德情操、伦理和经济？这不就是亚当·斯密留给后代经济学家的研究课题吗？

如果说前面我们介绍的托马斯·莫尔是生活在近代资本主义黎明期的人物，那么现在我们要介绍的亚当·斯密则是生活在资本主义成长期的人。亚当·斯密生于1723年，卒于1790年，如果说英国的洛克（1632—1704）和牛顿（1642—1727）、法国的伏尔泰（1694—1778）和卢梭（1712—1778）的出现，拉动了近代理性主义思想的马车，那么迎接产业革命（1760年）的自由主义经济思想则是在这个人——亚当·斯密的手中形成的。此时正值朝鲜王朝英祖和正祖统治时期，是朝鲜王朝最后的辉煌时刻，也是燕岩朴趾源①用他的锐利之笔与两班社会的陈规陋习斗争的时刻。与英国相比，东方国家走上工业化道路的时间要晚得多，我们接触到亚当·斯密现实主义思想的时间

① 朴趾源，字仲美，号燕岩。朝鲜李朝哲学家，实学派北学论代表人物之一。

也晚得多。

如果亚当·斯密没有左右摇头的毛病，他作为学者的一生还是很幸福的。现在我们看到一位年轻人穿着睡衣在庭院里走来走去，不知想起了什么，突然往外面走来，他呆呆地思考着走了好远，然后又往家里走去。他天生就是位学者吗？这个年轻人只要专心起来就会忘记一切，甚至走路都能掉进水坑里；他煮好茶后，把面包块放进去，还嘟囔着说：“这是谁煮的茶，真难喝。”这个年轻人就是亚当·斯密。

亚当·斯密出生于苏格兰的寇克卡迪，父亲在他出生前两个月去世。寇克卡迪是苏格兰东海岸的一个小村落，是食盐、制钉、煤炭等制造业发达的商业中心。亚当·斯密 14 岁时进入格拉斯哥大学，3 年后赴牛津大学求学，28 岁时他开始担任格拉斯哥大学的伦理学教授，1759 年出版《道德情操论》，一跃成为著名的学者。财务部部长汤森德给斯密写信说：

> 你好，斯密先生。我最近读了你写的《道德情操论》，非常有意思。我再婚的妻子和前夫有一个儿子，现在我们需要一位老师来教他，希望你能应聘，我认为凭你的实力一定能教好他。我的妻子从前夫那儿继承了大笔遗产，如果你一边在欧洲大陆旅行，一边教孩子的话，我们将终身支付你年俸 300 英镑。

是当孩子的家庭教师，还是留下来做大学教授？如果是我们的话肯定会坚持教授的职位，但斯密选择了前者。1764 年他从大学辞职前往法国，从此过上了吃穿不愁的日子。

“看不见的手”的诞生

亚当·斯密通过大陆旅行，与席卷 18 世纪欧洲知识分子阶层的自由主义、理性主义思想大师们见了面，他们是戴维·休谟、杜尔哥、孔狄亚克、魁奈和伏尔泰。1766 年结束法国之行后，斯密回到故乡苏格兰专心写作 10 年，完成了《国富论》。

我们能够吃上饭，并不是肉铺、酒家、面包店老板的善举，而是因为他们的利己主义。除了乞丐，任

何人都不能只依靠市民的善举活着。

完成《国富论》后，斯密被尊崇为“经济学之父”，起了很大作用的正是上述将人的自私心理视为生活积极因素的这句话。亚当·斯密生活的18世纪英国，基督教仍然起着支配作用，正如耶稣所教导的“爱你的邻居”一样，基督教还固守着共同体的经济伦理。在商品贸易中牟取暴利或者借钱给别人收取高额利息，都是破坏共同体关系的罪恶行为。据《国富论》记载，在爱德华六世（1547年—1553年在位）统治时期，因宗教热情所致，所有收取利息的行为都是被禁止的。

以十字军战争为契机得以坐拥万金的意大利富豪们，是如何解决宗教问题的呢？威尼斯和佛罗伦萨的巨商们通过遍布欧洲的银行网络积累了财富，周一到周六犯下罪行，周日再到神父面前祈求救赎，他们不是一两年而是一辈子都重复着这种伪善的生活。

欧洲新兴的工商业者们如果不想重复这种伪善的生活，就必须改革基督教陈旧的教义，宗教改革是顺应新兴工商业者要求的历史必然。从此新教产生了，新教教义说上帝在造人时赋予了每个人不同的职业，忠实于自己的职业，朴素生活，积聚财富，就会获得上帝的祝福。

如果说路德和卡文在宗教领域为新兴工商业者做了代言，

那么亚当·斯密则是用经济理论维护了他们的利益。斯密的理论很简单，我们能够吃上泡菜汤不是因为肉店老板的好意施恩，我们下班后能喝上一杯扎啤不是因为啤酒屋老板的义务奉献，我们能够吃上饭、喝上酒完全归功于店家想赚钱的自私心理，在现实生活中靠别人的好意施舍维持生计的人只有乞丐，不是吗？

人类的自私心理推动了现实生活。我刚要称赞斯密的这一发现，就有哲学家撇嘴了，这怎么是斯密的发现呢？我，韩非子，在2000年前就这样说过：

> 医善吮人之伤，含人之血，非骨肉之亲也，利所加也。故舆人成舆而欲人之富贵，匠人成棺则欲人之夭死也，非舆人仁而匠人贼也，人不贵则舆不售，人不死则棺不卖，情非憎人也，利在人之死也。（选自《韩非子》）

至理名言。不是人的意识决定他的存在，而是人的存在决定他的意识，人的意识取决于他生活在什么样的社会关系中。所以说医生为患者吮吸脓水，不是因为他有道德义务感，而是取决于他的利害关系，卖棺材的因为他的利害关系产生了希望别人死的恶魔心理，韩非子坦率地指出了人类的自私心理。可以称为斯密前辈的霍布斯还说过这样一句话：

> 在人的本性中，我们发现了产生争执的三个主要原因，第一竞争，第二猜疑，第三荣誉。竞争使人求利，猜疑使人求安，荣誉使人求名。（选自《利维坦》）

霍布斯断言，如果没有国家，人生活在自然状态中，就会导致“一切人对一切人的战争”，就是说人会和非洲草原上的动物无异。霍布斯和韩非子都把人看成是利己主义的存在，那我们为什么特别关注斯密的利己主义呢？霍布斯和韩非子都以人的自私本性为前提，力主实施君主专制的强权统治，而斯密则相反，他说“政府不要干涉经济活动”，“忠实于自己的利己主义放任不管”，提出了自由主义经济理论：

> 确实，他通常既不打算促进公共利益，也不知道自己是在什么程度上促进了公共利益。他宁愿投资支持国内产业而不是国外产业，因为他只是盘算自己的安全；他管理企业的方式也是为了使产品的价值最大化，他所盘算的也只是自己的利益。在这个场合，像在其他许多场合一样，他受着一只看不见的手的指导，去尽力达到一个并非他本意想要达到的目的。

著名的“看不见的手”就出自这个段落，但提起亚当·斯密就联想到的“看不见的手”，在1000多页的《国富论》中就出现过一次，也许斯密认为他的这一比喻对基督教还是有些不敬吧。黑格尔认为历史是绝对精神的自我展开过程，用绝对精神代替了基督教的神，现在亚当·斯密又向基督教挥起了“看不见的手”。

中国饭店的厨师努力做好炸酱面不是为了公共利益，而是为了提高自己的利益；服装店老板把商店开在城市中心区不是为了客人的便利，而是为了保障事业的安全。厨师和服装店老板并不追求公共利益，也不知道自己的经营对公共利益有多大程度的帮助，但是红火的中国饭店吸引了顾客，也帮助服装店稳定了客源，服装店的生意好了，也有助于城市中心区商业圈繁荣起来。追求一己私利的行为最终怎么会促进了公共利益呢？真是造化啊，这是上帝“看不见的手”在帮助我们，阿门，哈利路亚！

大众是历史的创造者

亚当·斯密在嘲笑托马斯·莫尔，你不是夸口说乌托邦会给人民带来幸福吗？乌托邦的摄护格朗特为了给人们安排职位、掌握生产量、分配物资连觉都睡不好吧，他大概是满怀着为人民服务的自豪感在工作的。但是，莫尔啊，你心中燃烧的平等之火再漂亮华丽，摄护格朗特的计算能力还是赶不上伦敦胡同市场的分配能力的。我从未见过有多少好事是由那些佯装增进公共利益而干预贸易的人所达成的。

斯密在《道德情操论》中嘲笑了那些自以为能够为所欲为地操纵社会的专制君主们：

> 他们被自己制订的理想计划的美丽所迷惑，不能容忍计划有丝毫的改动，他们不考虑与自己的计划相关的众多利害关系，将计划的所有环节都制订得完美无缺。他们以为为社会做计划就像在棋盘上移动马一样简单，棋盘上的马可以随着手的摆布而动，人类这个巨大的社会则按照各自独特的运动原理在动。人类社会如果能够按照独裁者的意志前行，社会将顺畅地

发展，如果不能按照独裁者的意志前行，社会将产生不幸。

斯密的信念是坚定的，经济社会存在着自然的规律，因此政府的干涉毫无必要也没有意义。政府组织对经济来说都是无能的，官僚们懂得什么？国民想要什么、喜欢什么，他们自己最清楚。

斯密是正确看待现实的现实主义者，他以人的自私本性为基础来分析经济问题。按照斯密的观点，人的心理天生有两个特点，首先，人总是对离自己最近的事情最关心，也就是说人最关心的就是自己，这是第一个特点。其次，人有改善自身现状的欲望。

人类改善现状的欲望是与生俱来的，这种欲望是人们从胎中一直到坟墓从未消失过的。人几乎不会有对自己现状完全满意的一瞬间。

如果说托马斯·莫尔将大众视为社会的主体，在这

一点上超越了柏拉图，那么亚当·斯密将大众视为历史的创造者，在这一点上他凌驾于柏拉图之上。历史不是靠哲人的智慧发展的，而是靠大众希求更好境况的愿望发展的。在尊重利己主义这一点上，斯密的思想和韩非子类似，而在尊重大众的经济活动这一点上，斯密的思想又和孟子类似，倡导有恒产，有恒心。

> 民事不可缓也。《诗》云："昼尔于茅，宵尔索绹；亟其乘屋，其始播百谷。"民之为道也，有恒产者有恒心，无恒产者无恒心。苟无恒心，放辟邪侈，无不为已。及陷乎罪，然后从而刑之，是罔民也。（选自《孟子》）

人怎样改善自身现状

我曾经参观过一个制造别针的小工厂，该厂只有10名员工，他们很穷，机器配备得也不充足。一人负责把铁丝拉直，一人切断，一人削尖，一人把顶部磨光，光是制作针头又需要两三种不同的工序，一人安装针头，一人把别针涂成白色，另有一人用纸把别针包装好。于是制作别针的过程被精细地分成了 18 种工序，这样 10 个人一天就可以生产 4800 枚别针，平均每个人生产 480 枚，如果是各自独立工作的话，一天连 20 枚也做不出来。（选自《国富论》）

别针工厂的工人是如何把生产率提高了 200 倍呢？秘密就是将整个劳动过程进行了精密分工。斯密说一个国家的生产力与分工程度成正比，分工使工人的技能熟练了，节省了作业空间之间的移动时间，并发明了新机器。

好奇心强的学生发问了：“老师，古代不也有分工吗？古代的分工和近代的分工有什么不同吗？”真聪明！苏格拉底生活的古代也有制作瓷器的陶工、雕刻家和金属匠人。让我们到古代印度去看一看怎么样？那里分布着以相同状态延续了数千年的村庄共同体。

他们共同耕种土地，收成分配给每位成员，纺线织布是每个家庭的副业。大多数居民都从事农业，也有人从事其他不同的工作，有负责裁判、警察和税务事务的首领，在他之下还有观测和记录天气的天文家、守卫村庄的警备人员、分配蓄水池用水的守卫、主持宗教仪式的婆罗门，此外还有铁匠、木匠、陶工、理发师、洗衣工、银匠、教师和诗人。规定共同体分工的法则是约定俗成的，它和自然法则一样拥有不可抗的权威，王朝的更替也不能动摇经济的基础。(选自《资本论》)

古代共同体内的分工和近代工业的分工有何不同？古代共同体产品的大部分都用于满足共同体自身的直接需求，相反，近代的工业产品则是为了拿到市场上去出售；古代共同体产品分配的法则是约定俗成的，相反，近代工业是市场决定了每个产品的价格并获得适当的报酬；古代共同体的工作者是负责产品全部生产流程的匠人，相反，近代工业的工作者只是被细化的众多工序的执行人，总的来说，近代工业的工人其本身也是机器的附属品。

斯密说分工产生自人类本性之一的交换倾向。我们假设某个猎人制作弓的速度比他人快，他偶尔用自己的弓换取了他人的鹿肉，这样一来他明白了交换比到野外狩猎能获取更多的鹿肉，他从对自己利益的关心出发，最终将造弓当作了自己的生计，就这样，木匠、铁匠、毛皮匠人产生了。人们相信自己劳动产品的消费盈余部分可以和他人的劳动产品相交换，于是开始从事特定产业。

《国富论》包含丰富的经济活动实例，但是斯密关于经济的哲学却很朴素。人类的利己主义、在“看不见的手”的作用下追求私利的同时促进了公共利益的提高、人类为了更好的明天而努力、用分工和交换谋求经济利益、分工的发展是提高生产率的秘诀，如此而已。但是如果认为这几条今天已经成为常识的教义无足轻重，就会遭到经济的报复，斯大林无视农民对个人利益的追求，将他们赶进集体农庄的失败结局就是证明。分工在西方文明中占有怎样的位置？让我们一起来看看阿诺德·汤因比[1]的论述。汤因比在《历史研究》的序言中强调指出，人类只能用自己生活时代的眼睛来观察这个世界，他这样归纳自己身处的西方文明：

> 我们这个时代的西方世界在两种制度的支配下存续着，如果说经济工业制度是其一的话，作为与之相比复杂程度不相上下的政治制度，在独立的国民国家中实行的、被称为议会政治的民主政治就是其二。19世纪末这两种制度之所以在西方世界掌握了牢固的统治权，是因为对时代提出的主要问题，它们都提供了哪怕是一时的解决方案，这两种制度头顶王冠意味着时代目标的达成，我们从中获得了救援。这两种制度证明了前人们的创造力，我们虽然没有发明这些制

① 汤因比（1889—1975），英国著名历史学家。

度，但也在它的荫护下长大，我们生活在工业制度之下和议会制国家之中，并随之向前发展。

工业制度和议会民主政治是支配我们时代的两大制度，我们虽然没有创造西方文明，但也是在它的荫护下生活、成长起来的，因此也同意汤因比的观点。接着，汤因比这样阐述了工业制度的本质：

工业制度包含两个层面，其一是作用于人际关系的分工，其二是作用于人类生活物质环境的西方近代科学。（选自《历史研究 I》）

西方文明是科学技术的文明。上中学时，有一天我回到家发现电视机摆在了卧室里，接着冰箱进了家门，电话也接上了，生活发生了本质的变化，我现在也忘不了第一次看彩色电视时的炫目感。小轿车铺天盖地地涌进每一条胡同是 20 世纪 90 年代的事情，我开始嘀咕乞丐、吃闲饭的、阿猫阿狗都开上了车，觉得哪里开始不对劲儿了。起初还只是“夫人”们的手提包里装着无线电台大小的手持电话，现在连小学生都有了手机。我开始抵制技术文明的利器，决心“No Car，No Phone”，很多人责问我“怎么还不买个手机”，但我心底对技术文明的怀疑根深蒂固。

我很苦恼应该对科学技术文明采取何种态度才是正确的，舍弃还是利用？应该一半舍弃一半利用吗？汤因比说如果舍弃科学技术文明，就应该同时放弃分工。如果说分工是用科学技术加工自然，那么工业就是依靠分工组织生产者。

超越亚当·斯密

斯密的后学边沁（1748—1832）将追求私利原理发展为快乐和痛苦原理，边沁充满自信地说道：

> 自然将人类置于痛苦与快乐这两个专制君主的掌管之下，只有它们才会指示我们应该做什么，以及决定我们将要做什么。

人类逃避痛苦，喜好快乐，快乐是正，痛苦是负，快乐和痛苦合在一起获得的最大效用就是追求私利的人类活动的目标。那么，什么社会是最合理的社会呢？最大多数人获得最大效用的社会。实现最大多数人的最大幸福的社会才是合理的社会。边沁的功利主义直到今天还是支配资本主义社会的主流思想。

今天，操纵社会的GDP神话就是以功利主义为理论基础的，人均GDP为1000美元的是落后国家，人均GDP为3万美元的称为先进国家，落后国家的国民享受人均1000美元的效用，先进国家的国民享受人均3万美元的效用。

功利主义的问题在于，它的前提是快乐和痛苦的总量是可以计量的。但俗话说某人的药可能是他人的毒，功利主义没有认识到快乐和痛苦是主观性的东西，会因人而异。因此为了补充边沁功利主义的内在弱点，约翰·斯图亚特·穆勒[①]有一句名言："宁愿做不满足的苏格拉底，也不愿做一头满足的猪。"穆勒将边沁重"量"的功利主义发展为重"质"的功利主义。

功利主义还有一个最大的问题。如果我们大家都能按照人均GDP的数量平均分配财物，功利主义就不会这么广受诟病，它的问题在于掩盖社会存在的极端财富不均现象。从合理性的角度来看整个社会享受的快乐总量，就是用国王的快乐掩盖了乞丐的痛苦，即：即使几个乞丐过着痛苦的生活，只要国王和贵族们能够享受豪华奢侈的生活，这个不平等就是合理的。

这里有极尽奢华的玛丽·安托瓦内特[②]，也有吃不上一片面包的巴黎赤贫阶层的妇女。对玛丽·安托瓦内特来说，再吃

---

① 约翰·斯图亚特·穆勒，英国著名哲学家和经济学家，19世纪影响力很大的古典自由主义思想家，支持边沁的功利主义。

② 玛丽·安托瓦内特（1755—1793），原奥地利帝国公主，生于维也纳，是罗马帝国皇帝弗朗索瓦一世之女，1770年嫁给法国王储路易十六。

一片牛肉并不能给她带来更多的快乐，一片牛肉的限界效用为零。与此相反，对赤贫阶层的妇女来说，一片面包就可以免除饥饿，给她的生活带来一天的安宁，这一片面包的限界效用可以说是100。按照边沁的观点，如果我们的社会是追求全体成员效用极大化的社会，应该如何分配财富，答案是不言自明的。不是给生活在富足之中无法体会到更大快乐的人再增添财物，而是给因贫困遭受痛苦的人们分配财物，才能有助于实现整个社会的效用极大化。

自由和平等，选择哪一个

对亚当·斯密自由主义和边沁功利主义的批评，最终产生了重视平等价值的社会主义。欧洲的知识分子们认为自由和平等是无法共存的对立物。为资本家阶级利益代言的人认为，追求经济效率是合理的行为，他们将追求效率的自由竞争视为自然法则，由它引起的社会不平等和非洲草原上的弱肉强食一样不可避免。与此相反，为工人阶级利益代言的人认为，追求经济公平是正义的行为，他们要求为了公平加强社会团结，由此产生的经济效率低下和工人的怠惰是次要的问题。自由还是平等？自由产生了不平等，平等制约着自由，该怎么办呢？

在此，罗尔斯[①]的《正义论》试图调和自由和平等的矛盾，寻求解决之策。他提出的正义的第一个原则非常简单：

所有人对基本自由都拥有同等的权利。

所有人都不能被以全社会利益的名义蹂躏，所有人都拥有不可侵犯的权利，正义拒绝为全体人的利益剥夺少数人的自由，正义保障的权利不因政治交易或社会利益而遭到侵害。理论即使再缜密再简明，但如果不是真理也应该舍弃，同理，制度即使再高效再井然，但如果不合理也应该废除，作为人类生活的第一价值标准，真理和正义是极具尊严的。

我们不同意为了全体的公共利益限制个人的自由，所有人都应该享有同等的自由和基本权利。然而自由必然产生不平等，那么，我们可以在多大程度上容忍自由竞争带来的不平等呢？

如果讨厌不平等而追求绝对平等，个人的自由就会受到限制，随之全社会就会感到压抑，医大的学生会放弃成为医生，艺考生将放弃成为演员。绝对平等压制了诱发创造性活动的动机，结果会带来所有人的损失，因此应该在一定程度上尊重不平等。

---

① 约翰·罗尔斯，美国政治哲学家、伦理学家、普林斯顿大学哲学博士、哈佛大学教授，写过《正义论》《政治自由主义》《作为公平的正义：正义新论》《万民法》等名著，是20世纪英语世界最著名的政治哲学家之一。

那么我们能够在多大程度上容忍士兵和军官的不平等？可以在多大程度上容忍CEO和普通职员的不平等呢？如果军官和CEO因优待对加强国防实力、提高经营能力做出的贡献，与士兵和普通职员因不平等待遇所承受的痛苦可以相互抵消的话，在这个范围内的待遇差别是可以容忍的，但是必须保障任何人都有成为军官和CEO的机会。

因此，社会的最小受益者能够容忍的不平等、社会弱者也认同的必要的不平等，才是我们在观念上能够勾画出来的最正义的社会画面。也许罗尔斯用理论代言的正是今天德国或瑞典国民容忍的不平等。接着，罗尔斯提出了正义的第二条原则：

社会和经济的不平等必须满足下列两个条件：（1）它们应切实对所有人有利；（2）它们必须满足所有的工作和职位向所有人开放。（选自《正义论》）

幸福的经济学

前面我们考察了边沁和罗尔斯有关财富分配的理论，现在在物质财富公平分配问题的基础上，我们来思考一下人类的许多重要价值问题，那么，劳动和闲暇问题就有必要考察一下了。分工劳动带来了惊人的物质增长，同时也让我们付出了残酷的代价。

在近代机械工业发展中定型的分工劳动走过了职业化的道路，它将所有的劳动过程都精细地分化为机器的附属品，分工劳动是死亡劳动，是苦役。强制工人从事死亡般的苦役，即使获得的物质成果再伟大，它也是牺牲工人的生命获得的不幸代价。工业的成果是甜蜜的，但分工劳动是苦涩的；开汽车的消费者的生活虽然甜蜜，但终日爬到车底焊接的工人的人生却是苦涩的。

劳动是人的本质活动，人类通过劳动与自然沟通，向社会提供劳动果实，成为社会性存在。人类通过劳动进化，通过劳动实现自我、发挥自我能力的劳动过程，如果被与自我意志无关的外在力量控制，人就是不幸的。当实现自我的劳动过程沦落为机器的附属品时，劳动者感受到的只有悲惨和自我的丧失。

应该废除分工劳动，但是已经成为我们生活基础的分工劳动体系不可能在一朝一夕废除，所以我们只能主张渐进式地缩短分工劳动时间。劳动生产率的提高应该带来劳动时间的缩短，这是历史发展的必然，这不是千福年到来之后才能享受的自由，而是现在就应该实现的自由。缩短劳动时间，同时应该保障相应的自由时间，增大闲暇时间是幸福的源泉，是时代追求的重要价值。

闲暇并不是单纯的休息，对于为了生存被限制于某一领域的劳动者来说，闲暇意味着自由的活动时间，这种活动不是为了获得生活必需品不得不从事的雇佣劳动，而是创造性地发挥自己的兴趣和个性的活动。创造性活动可以是和邻居一起分享的休闲农活，可以是帮助社会弱者的志愿者活动，也可以是画画、书法等艺术活动。如果说人类的幸福源泉存在于实现自我的自由活动之中，我们想创造的正义社会就是保障最大多数人的最大闲暇的社会。

我们有必要对人类的幸福进行多角度的探讨，人类的幸福来自于哪里？

孔子在你我仁爱的人际关系中找到了幸福，人是社会性的动物，共同体中他人的幸与不幸我们也会感同身受。如果说幸福取决于你我关系的深浅，现在我们就有必要超越亚当·斯密，通过分工的发展程度来寻找国民财富源泉的《国富论》，发明一种在构建人际关系的社会中寻找幸福国家的新经济理论。

亚当·斯密提出追求私利是人的本性时，他所设定的人是主导近代工业的新兴工商业者们，《国富论》的主人公也是商人。亚当·斯密很清楚人还具有另外一种本性，就是看到邻居的痛苦会感同身受，感到心痛、怜悯，他的《道德情操论》是这样开篇的：

> 无论我们认为人有多么自私，人的天赋中分明还存在着一些与此相反的本性。这些本性使我们关心别人的命运，把别人的幸福看成是自己的事情，尽管我们除了看到别人幸福而感到高兴以外，一无所得。怜悯和同情就是这种本性，当我们亲眼目睹或浮想联翩地设想他人的不幸遭遇时，我们就会产生出这种感情。

如果说让出自我的利益维护你我的人际关系是幸福的另一个源泉，那么我们有必要超越单纯追求私利和增加物质财富的资本主义价值观，探索真正能使人获得幸福的新经济学。新时代的经济学需要伦理学的引导，经济学之父亚当·斯密在写完伦理学著作之后才创作了经济学著作，这个时代也在呼唤能够正确引导经济学的伦理学的出现。

如果说亚当·斯密探索了国民财富的源泉在哪里，现在我们有必要探索一下幸福的源泉在哪里。我们享受的物质的丰富只是幸福生活的一个条件而已，它并不能保障幸福，现在有必要认真地研究一下“人不能光靠面包活着”这一命题。幸福的国家在哪里呢？

《道德情操论》

英国道德哲学家亚当·斯密于1759年出版的作品。它是一部探讨人类幸福与道德情操根源的经典之作，书中指出人类无论多么自私，人的本性中还是存在着感知道德情操和善恶的“道德感情”，这些道德情操在市场中也存在。《道德情操论》的人性观是之后亚当·斯密创作《国富论》经济学体系的基础，从这一点来说，本书是值得关注的经典。

《国富论》

“经济学之父”亚当·斯密于1776年出版的经济学著作，书名全称为《国民财富的性质和原因的研究》（5篇），是作者历时10年完成的大作。

亚当·斯密肯定了人的利己心和劳动，指出财富的增加通过劳动生产力的改善来实现，分工的发展促进了生产率的提高，此外“看不见的手”使追求私利有利于公共利益的增加，并主张通过自由竞争积累资本是获得“国民财富”的方法。

与以往片面的、以政策为主的经济学不同，《国富论》考察了资本主义内部的价格机制等问题，奠定了经济学的基础，被称为经济学史上划时代的作品。

《正义论》

美国哲学家约翰·罗尔斯出版的社会伦理学著作。罗尔斯平生致力于研究“正义”，被称为“单一主题的哲学家”，该书是他历时20年完成的力作。

罗尔斯在《正义论》中提出的正义的第一原则是“所有人对基本自由都拥有同等的权利”，即平等的自由主义原则；第二原则是“保障最少受惠者的最大利益，不平等的原因应向所有人均等开放”，即差别原则。罗尔斯试图将自由经济与社会主义要求的福祉主义相结合，探索福祉主义或修正资本主义的新自由主义秩序。1971年出版的《正义论》不仅对英美哲学界有影响，对整个欧洲大陆都产生了广泛的影响，被称为世纪之作。

第9章

前往“鲁滨逊·克鲁索岛”的原因？

卡尔·马克思Karl Marx

最近英国的一份舆论调查显示，英国人认为历史上最伟大的思想家是马克思，马克思是历史上第一次把“劳动”引入哲学舞台的人。

鸟类只会啄食田野中的粮食，人却能将粮食磨成粉，将粉和成面，用面做成面包。人类将粮食做成面包的有意识的活动，是大脑和手的协调行动，这就是人类的劳动。

为了更好地理解马克思思想，让我们一起前往遥远的“鲁滨逊·克鲁索岛”一探究竟，看看那个岛上到底发生了什么。

完工的篱笆像铁筒一样结实，我没有在篱笆上做门，而是用一个短梯从篱笆顶上翻进来，进入里面后再收好梯子。我将帐篷里面的石块处理好，把挖出来的土石方运到了帐篷外面，这样一来帐篷后面就有了一个山洞，可以作为我的粮食储藏室，这些工作既费力又费时，但总算完成了。（选自《鲁滨逊漂流记》）

根据考古学的研究发现，最早进化为人的猿是南方古猿。如果在400万年前形成的地层中发掘人类化石，可以找到人类直立行走的膝关节骨。直立行走给人类带来了三大礼物，冲天直立的脊椎骨可以支撑巨大的头盖骨，人类与其他面朝大地活动的哺乳动物产生了不同，可以面向前方活动，具有了鼻、口、舌、喉组成的发音器官，最重要的是直立行走给人类带来了“自由的双手”。

200 万年前出现在地球上可以直立行走的直立人，用手采摘树叶，抹上唾液，然后伸进树洞中捕食在那里筑穴的白蚁。他们还学会了偷食狮子猎获的鹿肉。直立人尝到了肉的味道，为了寻找食物开始长途跋涉，并慢慢离开非洲大陆前往欧洲、印度尼西亚、西伯利亚……

发明避雷针的美国人本杰明·富兰克林说："人是使用工具的动物。"他对人的本性所下的定义比任何哲学家的深奥思考还要准确。人类首先是使用工具的动物，然后才是理性的存在，人类首先是通过劳动维持自身生存的动物，然后才是社会性的动物。人类发现的最伟大、最初的工具是火。普罗米修斯为了给人类带来支配所有动物的力量，从太阳那里盗来了火，他也遭到了残酷的刑罚。火的发现是人类区别于动物的决定性事件。

亚当和夏娃如果有祖先的话，他们大概就是智人，智人是聪明的人，他们会用火，掌握了 100 多个单词。人类能够拥有征服自然的力量，完全得益于火的使用。人类不是独居而是群居，集体的力量是人类支配动物的另一个原因。想象一下横穿原野的野牛群，其中有一头野牛掉了队，想象一下人类将它撵到了河边湿地，他们敏捷地成群而上抓住了野牛的咽喉。人类为了捕获野牛，在共同行动中需要交换各种声音和信号，于是在公元前 10 万年，"人类的语言"终于产生了。

人类劳动是集体共同劳动，所以亚里士多德说人的社会性源于劳动。共同劳动需要声音和信号，由此产生了进化的语言，虽然蜜蜂可以用舞蹈动作发出信号，狼也可以发出叫声，但能发出数万个不同分节音的只有人类。原始语言据说只有100多个，大概诸如妈妈、爸爸、水、火、一、二、三、多……随着人类分辨能力的增强，语言组织能力也发达起来，同时思维能力也得到了提高。人类的智慧不是从天而降的，而是历经数百万年进化的产物，而这个进化的原动力就是人类的劳动。

人类与蜘蛛、蜜蜂为何不同

那么，什么是劳动呢？狮子为自己族群的生存猎食，蚂蚁为自己族群的居所筑穴，它们的活动也是劳动吗？对于这个问题，马克思做出了如下精彩的回答：

> 蜘蛛的活动与织工的活动相似。蜜蜂建筑蜂房的本领使许多建筑师感到惭愧，但是最蹩脚的建筑师比最优秀的蜜蜂高明的地方，就是他在建筑房屋之前，已经在自己的头脑中开始构建。劳动过程结束时得到的结果，在这个过程开始时就已经在劳动者的头脑中

存在，劳动者不仅改变了自然物的形态，而且使自己有意识的目的在自然物中得到了实现。（选自《资本论》）

蜘蛛一夜之间能织出比织工还精巧的纹路，蜜蜂令最具才能的建筑师也感到惭愧，但是蜘蛛和蜜蜂的活动都是本能的行动，人类能够按照自己的意识改变自然物，在这一点上人类超越了所有动物。非本能的有意识行动，这就是人类劳动的特点。

为了让饭来张口的青少年们切实地理解什么是劳动，让我们一起来探访一下“鲁滨逊·克鲁索岛”吧！10 年没刮过一次的络腮胡，穿着野兽皮做成的衣服，外貌是原始人，目光是英国人，这个奇怪的男子汉为了做面包可谓是绞尽脑汁。

没有收割庄稼的镰刀，这可难为我了。我用从船上捡来的一把短剑收割，最初的收成也不多，因此也没多大困难。我割下穗子装在大筐里搬回家，再用双手把谷粒搓下来。（中略）然而我又碰到个难题，怎么才能把谷粒磨成粉，又怎么把粉做成面包呢？这真令我灰心丧气，我连烤面包的工具也没有。

我决定不吃这次收获的谷物（！），全部留起来做种子，为了达到面包自给自足的伟大目标（！），我决定全力研究（！）如何磨制面粉和烤制面包。

（选自《鲁滨逊漂流记》）

这就是劳动！鸟类只会啄食田野中的粮食，人却能将粮食磨成粉，将粉和成面，用面做成面包。让自然状态的粮食吃起来更可口，即更具目的性。人类制作面包的有意识活动，大脑和手的协调活动，这就是人类劳动。

把“劳动”引入哲学舞台

5 万年前地球上生活着一群追逐野牛的猎人，5000 年前地球上生活着在村落里挥汗如雨耕种的农夫们。男女结合生育后代，为了抚养孩子，繁重的劳动对我们来说不是辛苦而是喜悦。为了食物劳累的人才是最正直的人，劳动最具人的属性，通过劳动人类才进化到今天。

隆冬时节在山里挨过冻的人明白，温暖的房子是多么令人留恋，但是日常生活中我们往往忘记了房子的好，盖房子对人类如此重要，我们却总是投以蔑视的目光，称建筑工人为“出苦力的”。挨过饿的人明白，饭有多么宝贵，但是日常生活中我们总是忘记种田人的好，他们的劳动遭到蔑视。

从什么时候开始，人类开始产生瞧不起自身劳动的虚伪意识？《圣经》中出现的亚当和夏娃因原罪受到惩罚，女性承受生育之痛，男性承受耕作之苦，这个神话的作者大概不是靠自己的汗水解决生存问题的人。随着“意识”从人类劳动中分离出来，即体力劳动和精神劳动分离，精神劳动开始支配体力劳动，独占精神劳动的哲学家和宗教领袖编造故事，嘲笑承担体力劳动的下层劳动者。

柏拉图在他的《理想国》中蔑视生产者阶级，认为生产者所需的品行就是节制和服从，生产者忠实于自己的职业、生产好的产品是他的操守；智慧，即精神活动，是哲学家的专属品。为什么将人分类加以区别对待呢？柏拉图为那些抗议人类社会不平等现象的人准备了“金属的神话”，说用金、银、铁三种成分造人是神的意志，用铁造就的生产者阶级，你们就节制、服从地生活吧！

所谓的“理念”也是如此。这里有一张床，柏拉图认为木匠做的现实的床是假的，床的理念是真的。存在和意识、物质和精神，柏拉图的二分法成为之后所有西方哲学家共同的羁绊，其实这不过是治者和被治者、精神劳动和体力劳动二分现象的反映而已。柏拉图之所以认为床的理念比现实的床更真实、更具价值，是因为在他的世界观里，木匠流着汗水的劳动遭到了蔑视。

东方的佛教也同样轻视劳动。释迦牟尼警告说“一切都在燃烧”，为容易陷入执著的我们提供了宝贵的觉醒机会，但是佛教对各种欲望没有加以区分，勤劳大众为了生存的朴素愿望和统治者对财富、权力过度的欲望，即治者的贪欲，没能区分开来，将所有的欲望都视为罪过，在这一点上佛教脱离了人类的实际生存状态。佛家修行弟子需要依靠勤劳大众的劳作而生存，规模庞大的寺庙也需要国家权力的支持，而佛教却轻视提供生活手段的劳动的价值，这就形成了二律背反[①]。

尼采曾批判地指出，希腊哲学重视阿波罗式的人，轻视狄俄尼索斯式的人，因此西方文明经历了不毛的命运。其实苏格拉底将身体视为哲学的羁绊，柏拉图将人的欲望看作节制的对象，极端追求理性而非感性、精神而非肉体的文明，必然会产生违背人类存在的结果，这一点是很好理解的。如果尼采将视野从欧洲文化史批评扩展到欧洲经济史批评，就会发现，为了文明的产生做出牺牲的数亿勤劳大众的劳动被忽视了。只有马克思，在思想史上第一次在哲学的舞台上为劳动正名，这就是

① 二律背反是康德在其代表作《纯粹理性批判》中提出的，意指对同一个对象或问题所形成的两种理论或学说虽然各自成立但却相互矛盾的现象。

马克思的功劳。

鲁滨逊·克鲁索岛

马克思在极度贫困中为完成劳动者的世界观而工作，他20年的汗水最终结晶为劳动者的圣经——《资本论》，该书是这样开篇的：

资本主义生产方式占统治地位的社会的财富，表现为庞大的商品堆积，财富的基本单位就是商品，因此我们的研究就从分析商品开始。商品首

先是一个外界的对象，一个靠自己的属性来满足人的某种需要的物品。物品的有用性使它具有使用价值，使用价值在消费中得到实现，它构成财富的物质内

容，在我们所要考察的社会中，使用价值同时又是交换价值的物质承担者。

资本主义生产方式、商品、使用价值、交换价值……《资本论》从一开始就令人感到陌生，特别是“商品和货币”篇，就是再集中精神、具有持久耐心的劳动者也会觉得难以理解。有困难就绕开走吧，“鲁滨逊·克鲁索岛”是个不错的探访地，可以帮助我们客观认识处于资本主义生产方式中的生活。

幸运的是船里有几根帆杠，我决定做一个木排。（中略）我装上了面包、米、奶酪和羊肉干，我又发现了一个装工具的箱子，对我来说这是比金子还值钱的东西。

鲁滨逊·克鲁索从失事船上找到的“面包、米、奶酪”虽然是从英国市场上买来的，但现在已经不是商品了。他找到了比“面包、米、奶酪”更值钱的东西，就是工具箱。克鲁索认为，工具箱“是比金子还值钱的东西”，但是他想错了，现在工具箱是无价的，工具箱对克鲁索来说只有使用价值，没有交换价值。

我将所剩不多的旧衣服整理了一下，我决定用外套和其他几件衣服先做个马甲，也说不上是缝纫，只不过是把它们连在一起而已。虽然看起来很难看，但对我来说还是件新衣服，我决定做上二三件，将来可以穿很长时间。

克鲁索用旧衣服乱七八糟缝起来的新衣也不是商品，这件衣服可以遮盖皮肤免受日光的炙烤，对克鲁索来说只是有用的物品。他以后做的所有物品都只有使用价值而没有交换价值。

克鲁索的物品如果想具有交换价值需要两个条件，第一是分工。克鲁索通过自己的劳动获得生存必需品，自己猎山羊、钓鱼、收获小麦、制作衣服，在自给自足中不存在交换，没有交换就没有交换价值。猎人、渔夫和农夫各自承担自己的工作，彼此交换各自的产品，这时物品才具有交换价值。对吧？

因此，克鲁索的产品如果想成为具有交换价值的商品，这个岛上至少还需要进来一个生产者，但是这个生产者因为是星期五（克鲁索从食人族手中救下了他，后来成为克鲁索忠实的仆人），他相当于是克鲁索的仆人，所以也不行。克鲁索的产品想要成为商品，我们的星期五应该具有独立人格，可以拥有并交换自己的劳动产品。

现在让我们想象一下“新鲁滨逊·克鲁索岛”，鲁滨逊专门从事打猎，星期五专门从事农业。按照亚当·斯密的观察，分工将提高两位生产者的生产率，鲁滨逊将猎获更多的山羊，星期五将收获比鲁滨逊更多的小麦，两位生产者交换吃剩的肉和小麦，商品就诞生了。

鲁滨逊虽然和大多数英国人一样是虔诚的基督教徒，但是他更尊重交换的法则而不是爱邻居的戒律，鲁滨逊很清楚一头山羊可以交换几升小麦，因为他在10年的独立生活中了解了猎羊所需的劳动时间和收获小麦所需的劳动时间。他还如实地记录了“劳动日记”：

4月28日：忙着磨工具，整整花费了两天时间。

5月3日：用锯子锯断了一根船梁。

5月4日：出去钓鱼，钓到了一只小海豚。

6月17日：煮海龟花了一整天。

6月26日：打到一只母山羊，好不容易把它拖回家。

星期五上岛之前，克鲁索辛苦制作的物品只具有使用价值，面包、米、奶酪、羊肉、工具箱、衣服、木杆、海豚、乌龟蛋、山羊可以让克鲁索果腹，具有保护身体的有用性。星期五上岛后，开始和克鲁索交换产品，他的物品成为具有交换价值的商品。

克鲁索制作的桌子不仅仅具有一种交换价值，而是具有多种交换价值，一张桌子可以交换5头羊，也可以交换100个海龟蛋。马克思在这里问我们，1 张桌子 =5 头羊 =100 个海龟蛋，这个等式为什么能成立？这是因为桌子、羊和乌龟蛋具有一种“共同的东西”。交换价值是商品中包含“共同的东西”的现象形态，那么“共同的东西”是什么呢？

为了生存制作必需品的克鲁索，与星期五通过约定的分工来维持生计的克鲁索，对他来说马克思的问题很简单，不就是“劳动”吗？

商品有使用价值和交换价值，同样，制造商品的劳动也分为具体劳动和抽象劳动，马克思的理论很艰深。具体劳动是创造商品使用价值的人类具体劳动，如磨工具、抓海豚、煮海龟、猎母山羊等。商品中除了使用价值还有交换价值，那么克鲁索的劳动中除了具体劳动，还有什么呢？从克鲁索的劳动中去除具体的劳动内容，他的日记就成了这样：

4 月 28 日：磨工具“工作”两天。

5 月 3 日：用锯子“工作”。

5 月 4 日：钓鱼“工作”。

6月17日：煮海龟“工作”。

6月26日：猎母山羊“工作”。

克鲁索是个勤奋的劳动者，终日只知劳作，如果不考虑一天劳动的具体内容，剩下的只是“工作”的记忆，因此马克思提出，人类劳动除却“具体劳动”，就剩下了“抽象劳动”。哈！这就是我的伟大发现！这个“抽象劳动”就是商品的所谓“价值”。在克鲁索看来，说的好像绕口令一样。

如果说具有有用性的物品具有价值是因为它体现了人类的劳动，那么“价值的大小”如何测定呢？马克思接着问道。这个问题很难回答，人类劳动是用尺子量呢，还是用秤来称？我们再来翻看一下克鲁索的日记：

11月4日：从昨天开始对工作时间、打猎时间、消遣时间都做了规划，每天早晨如果不下雨，就带枪出去打猎二三个小时，再工作到11点左右，然后吃饭，12点到2点午睡，傍晚再开始工作。今天和明天的工作时间都用来做桌子。

克鲁索和星期五之所以按照“1张桌子＝5头羊”的等式来交换，是因为做一张桌子需要投入那么多的劳动。克鲁索是个有良心的人，即使做一张桌子需要花费很大的精力，他也没有向星期五要6头羊，他很清楚猎一头羊需要一天时间，做一张桌子需要花费5天时间。

对克鲁索来说，“价值量”用投入物品的“劳动量”来测定，聪明的克鲁索用来测定劳动量的基准是“劳动时间”。“投入相同劳动量的商品具有相同的价值量，一个商品的价值和其他商品价值的比率是各商品生产所需劳动时间的比率”，对于马克思这一艰深的学说，克鲁索已经身体力行了。“作为价值，一切商品都只是一定量的凝固的劳动时间”，马克思的这一观点，对克鲁索来说只是常识。

《动物农场》的老少校

众所周知，乔治·奥威尔的《动物农场》是将独裁体制戏剧化的讽刺小说，正如作者所说，“这是倾注我平生心血的唯一作品”，这部杰作充满了睿智的观察和生动的表现。

《动物农场》和《伊索寓言》一样采用拟人化的手法，讽刺了独裁体制。《动物农场》中曼纳农场的主人琼斯先生是资本家，《动物农场》的新任领导人拿破仑就是独裁者。一天晚上，主人琼斯睡觉了，预感到死亡的动物之师——猪少校将大家召集到一起，做了最后的演讲：

我想我可以说，对于生活到底是怎么回事，我是了解的，而且了解得不比别的活在世上的动物少，我想对你们说的就是我悟出来的一点儿道理。

同志们，我们生活的本质是什么呢？我们还是面对现实吧！咱们的生活非常悲惨、痛苦而且极其短暂。咱们出生了，给咱们的食物仅够活命，那些能干活的，被硬逼着干到精疲力竭，最后没有用了，就被残忍地屠宰掉。英国的动物只要过了一岁，就再也享受不到幸福和闲暇了，英国的动物没有自由，动物的一生就是充满苦难和惨遭奴役的一生，这是再清楚不过的事实了。

但是，这难道是大自然的安排吗？是不是我们这块土地太贫瘠了，不能给生活在这里的动物提供舒适的生活呢？不是的，同志们，绝对不是的。英国的土地肥沃，气候温和，可以给比现在多得多的动物提供丰富的粮食，仅仅咱们这一个农场就能养活12匹马、20只奶牛、几百只羊，而且个个还都能活得舒舒服服、体体面面，绝对不是我们现在能够想象的。那么，我们为什么一直活得这么悲惨呢？

就是因为我们的劳动成果几乎全部被人类盗窃

走了。

人是唯一只消费不生产的动物，他们不会产奶，不会下蛋，毫无体力，不能拉犁，跑得不快，捉不到兔子。但是他们却是动物之王，他们逼着动物干活，却只给动物不至于饿死的粮食，剩下的全部据为己有。我们辛勤地耕种，我们用自己的粪便给地施肥，但是我们除了身上的一张皮外，还有什么呢？站在我面前的诸位奶牛，过去一年你们挤了几千加仑的牛奶啊？这些牛奶的每一滴都流进了仇敌的喉咙里。还有诸位母鸡，过去一年你们下了多少蛋？其中有多少孵化成小鸡了呢？剩下的都被琼斯和他的伙计拿到市场上换成钱了。

聪明的读者们应该很清楚老少校的演讲是在批判谁，能如此生动地对资本主义生产方式的矛盾做出讽刺是很难得的。但是，如果我们的现实真的像《动物农场》中的矛盾一样，人类的世界史就不需要马克思，《资本论》也就写不出来了。“人是唯一只消费不生产的动物”，受此责难的农场主琼斯先生，并不像奥威尔所指的现代资本家，反而更像古代贵族。同样，动物之师老少校更像罗马角斗士领袖——斯巴达克斯。

英格兰兽，爱尔兰兽，

普天之下的兽，
倾听我喜悦的佳音，
倾听那金色的未来。

那一天迟早要到来，
暴虐的人类终将消灭，
富饶的英格兰大地，
将只留下我们的足迹。

我们的鼻中不再扣环，
我们的背上不再配鞍，
嚼子、马刺会永远锈蚀，
不再有残酷的鞭子噼啪抽闪。

那难以想象的富裕生活，
小麦、大麦、干草、燕麦，
苜宿、大豆还有甜菜，
那一天将全归我们。

这首“动物解放之歌”期望的不是劳动者的解放，而是奴隶的解放，奴隶和雇佣劳动者虽然同是历史上的被支配阶级，但是2000年前的奴隶和现在的雇佣劳动者在经济条件上是有根本区别的。

> 这首歌唱得动物们热血沸腾，少校还没唱完，动物们就跟着哼唱起来。就连最愚笨的动物也学会了歌的曲调，记住了几句歌词，像猪和狗这些脑袋聪明的，几分钟就记住了全部歌词。接着，在试唱了几遍之后，动物们开始放声齐唱《英格兰动物之歌》，奶牛哞哞叫，狗汪汪吠，羊咩咩鸣，马打着响鼻，鸭子发出一片呷呷的声响。大家都很喜欢这首歌，所以一连唱了五遍还不肯停歇，要不是被打断的话，说不定他们要唱个通宵了。不幸的是，琼斯先生被喧闹声吵醒了，他以为院子里进了狐狸，便跳下床，抓起那支总是放在寝室一角的枪，用6号子弹朝黑暗处放了一枪。

悲伤的女人把照片当作丈夫

从上段原文中可以看出，《动物农场》中琼斯先生支配动物的力量来自枪，从依靠暴力这个角度来说，《动物农场》中的经济关系类似于古代奴隶式的生产方式。再愚蠢的奴隶也不会不知道自己的劳动果实被奴隶主全部剥削的事实，我们把依靠暴力的统治称为超经济强制。在被上帝的恩宠和耶稣的十字架神秘化的中世纪封建生产方式之下，农奴们清楚地认识到自己的劳动被无偿地剥削了。马克思这样写道：

> 农奴和领主、家臣和诸侯、世俗之人和神职人员生活在庄园中，这里没有鲁滨逊·克鲁索似的独立生活的人，所有人都处于相互依存之中。在这里人身依附关系决定生产的社会关系，但是中世纪的人身依附关系没有采取隐蔽的虚幻形式，而是采取农奴用劳动和产品向领主服劳役和缴纳赋税的形式。徭役和生产商品的劳动一样是用时间来计量的。每一个农奴都知道，他为领主服役而耗费的，是他本人的一定量的劳动力，缴纳给教会的什一税[①]是他们的劳动成果，并不是神父祝福的代价。中世纪个人之间的社会关系，表现为他们的依附关系，领主和农奴、神职人员和世俗之人的剥削关系没有被伪装。

现代雇佣劳动者不是《动物农场》中的猪和牛，雇佣劳

① 源起于旧约时代，由欧洲基督教会向居民征收的一种主要用于神职人员薪俸和教堂日常经费以及赈济的宗教捐税，要求信徒按照教会当局或法律的规定，捐纳本人收入的十分之一供宗教事业之用。

动者的脚上没有拴奴隶的铁链，手上也没有束缚农奴人身自由的枷锁，是名副其实的自由劳动者。雇佣劳动者和资本家一样都是商品所有者，他自由出卖自己商品的权利得到保障，雇佣劳动者和资本家之间除了“合同”以外，没有任何约束，不喜欢可以走人！

猪和琼斯先生没有签约，马没有向琼斯先生出卖过自己的劳动力，即耕地的力气，鸡没有向琼斯先生以出卖自己劳动力的代价获得几个鸡蛋的薪水，它们只是像奴隶一样劳动并依附于主人，结果猪吃到了泔水，马吃到了干草，鸡吃到了饲料。它们生产的劳动成果全部都是主人的，这样的经济关系很明显是主人和奴隶的剥削关系。

资本主义的生产方式与此不同，资本家放入自己保险柜的是货币，付给工人的工资也是货币。如果像琼斯先生一样给工人饲料却拿走鸡蛋的话，我们的工人会清楚地认识到这种关系的真实情况，然而聪明的资本家给工人的不是饲料，而是他生产的鸡蛋，给奶牛的则是他挤的奶。

“站在我面前的诸位奶牛，过去一年你们挤了几千加仑的牛奶啊？这些牛奶的每一滴都流进了仇敌的喉咙里。”动物之师老少校刚一提高嗓门，琼斯先生就会跑过来和少校据理力争：“你们的奶，你们没喝吗？”

工人和资本家缔结的自由契约关系，是将自己的劳动力（!）出卖为商品，并以此为代价接受货币支付的工资，在这个关系中资本家和工人的剥削关系是隐蔽的。马克思的《资本论》就是揭露这一隐蔽关系的著作，他这样写道：

> 徭役劳动明确地区分为农奴为自己的劳动和为领主的强制劳动，在空间和时间上都有区分。另一方面，在奴隶劳动中，奴隶为保全自身生活的劳动也表现为为主人的劳动，他全部的劳动都表现为剥削劳动，因此奴隶们随意地使用工具。与此相反，洞窟中的雇佣劳动连剩余劳动也表现为支付劳动，并注入了工资作为劳动代价的虚幻形式。在奴隶劳动中，所属关系将劳动隐蔽为为奴隶自身的劳动，在雇佣劳动中，货币关系隐蔽了工人的被剥削劳动。

牛生产的全部牛奶都流进了人的喉咙，这话对奴隶们更有煽动性。卖牛奶的部分款项被用来购买饲料，因此等于牛喝了自己生产的部分牛奶。老少校的煽动之所以对动物们见效，是因为动物们处于奴隶地位，对奴隶来说他的全部劳动都是剥削劳动。

另一方面，在现代的动物农场里，奶牛们错误地以为领取工资是自己生产牛奶的应得报偿。其实工资只是工人生存所需的最少的生活费用，奶牛吃的干草就是它的工资，奶牛生产的牛奶和工资没有任何关系，奶牛却以为工资是牛奶的报偿。鸡吃的饲料量和鸡的下蛋数量没有任何关系，然而自从饲料和鸡蛋以货币的形式相联系，动物们就认识不清了，似像非像，思想上就麻痹大意了，到底是怎么回事呢？要的就是这个效果。

我们把资本主义生产方式制造的货币神秘化效果称之为拜物教现象。忘不了死去的丈夫，抱着他的照片哭泣，是源于妻子的煎熬之痛；忘不了远去的恋人，珍藏着他送的红围巾，是对恋人痛苦的思念。但是，照片不是丈夫，围巾不是离去的恋人，把照片当作丈夫、把围巾当作恋人，这一美丽的思念如果离开男女的爱情关系，进入资本主义生产方式中，拜物教对人类产生的报复将是可怕的。

劳动的异化

第一个发明剩余劳动的不是资本，只要是社会部分成员独占生产资料的地方，不论是在哪里，劳动者都不得不在维持生存的必要劳动时间之外增加其余的劳动时间，为生产资料所有者进行再生产，这个生产资料所有者不论是雅典的贵族、美国的奴隶主还是现代的资本家都一样。

但是在重视产品使用价值的社会里，剩余劳动被限定在有限的欲望范围内，也就是说对剩余劳动无节制的欲望不会发生在生产本身。古代只会在金矿中出现可怕的过度劳动，这种致人死命的强制劳动被公认为是过度劳动。

如果被卷入资本主义生产方式支配下的世界市场旋涡中，过度劳动这一文明的残酷手段就和奴隶制或农奴制嫁接了，让我们看一下美国南部各州！从前生产的目的是为了满足奴隶主的直接需求，这时对黑人劳动的剥削还具有家长制的温和特点，但是随着棉花输出成为关系到南部各州生存的问题，他们开始强迫黑人从事过度劳动，7 年的劳动就可以消耗一个黑人的生命，但是受益增加了。现在从黑人身上榨取一定的有用产品变得不重要了，重要的是剩余价值的生产。

劳动过程是由资本家决定的劳动力消费过程，商品使用权在商品购买者手中，劳动力使用权在资本家手中。产品属于资本家，而不是工人，就像葡萄酒窖中发酵的产品属于葡萄酒主人一样，劳动的结果同样属于资本家。

对资本家来说，工人除了劳动力之外一无所有，工人支配的所有时间无论从自然角度还是法律角度来说，都是为了增加资本价值而贡献给资本家的劳动时间，为了精神、肉体的生命力而自由活动的时间也都属于资本家。资本家对剩余劳动无节制的需求，不仅超越了劳动的道德底线，还超越了肉体所能承受的底线。资本剥削了身体成长、发育、维持健康所需的时间，资本偷走了享受新鲜空气、阳光所需的时间，资本缩短了就餐时间，可能的话，甚至将就餐时间纳入到了生产过程，就像给锅炉供应煤炭、给机器供应石油一样，资本家为工人提供饮食。

部分劳动力用于生产维持劳动者生存的必需品，部分劳动力用于增加资本家的价值，前者是必要劳动，后者是剩余劳动。剩余劳动就是剩余价值的源泉，资本不过是剩余价值的积累。

黑格尔将“人类的产物脱离人类成为独立的力量，反而支配人类的现象”称为异化。资本作为劳动的产物却脱离劳动者成为独立的力量，反而支配劳动者。在雇佣劳动者看来，资本是从天而降的超越历史的力量，而不是劳动的积累，对他们来说资本就是神。就像在宗教的世界里，神作为人类头脑的产物而独立存在，却支配着人类，资本作为劳动的产物而独立存在，却命令、监督着劳动者。

亚当·斯密的政治经济学认为，个人利己主义促进了社会和谐发展。按照他的理论，雇佣劳动者和雇主一样拥有发展的成果。马克思反驳了这一幼稚的理论，他从简单的事实出发完成了“劳动异化理论”。

第一，劳动者不拥有劳动成果。现代汽车的工人虽然生产汽车，但是工人并不拥有汽车；现代重工业的工人虽然造船，但是没有船只的所有权。劳动成果不归劳动者而归属于他人的经济关系是引起劳动异化的直接原因。

第二，劳动者不是按照自己的意志劳动，而是听从他人的命令。在雇主的命令和监视之下的工厂劳动不啻为苦役。对于画家来说，画画是快乐的源泉，但是对于雇佣劳动者来说，劳动是强制劳动，是痛苦的源泉，劳动者的劳动过程被异化了。

第三，对于劳动产品、劳动过程被异化的劳动者来说，劳动本身就是被异化的劳动。越努力工作，就意味着自己的生命和健康被剥削得越多，劳动是丧失，这就是劳动的异化。

第四，异化劳动使人类远离自然。自然是人类之母，人类通过劳动与自然沟通，劳动的异化造成了人与自然的隔绝。劳动是人类意识在自然中呈现的过程，但在异化劳动中人的意识麻痹了。农夫虽然热爱土地，但对于挖掘机司机来说，山不过是要铲除的对象；渔夫喜爱泥滩中的蛤蜊，但对于筑堤的力夫来说，大海不过是要围堵的他者。

第五，异化劳动使人类从社会中分离。人类是社会性的存在，人类通过劳动实现自身的社会性。被剥夺了劳动成果的劳动者没有成果向社会展示，在劳动过程中被剥夺创意的劳动者没有为社会做贡献的热情，现在劳动者所剩的只有生存手段，追求的只有动物的快感，劳动的异化使劳动者的精神堕落，使劳动者与社会脱节。

第六，劳动异化使劳动者脱离自然、远离社会，也产生了人的个体异化。人只有在与自然的关系中才能成为人，人只有在社会关系中才能成为人，脱离自然、没有社会的人是丧失了人类特点的人。总的来说，劳动异化产生了人的异化。

第七，表现在资本主义社会所有领域的人的异化和劳动异化是一枚硬币的两个方面。如果想解放异化的人，应该从异化的劳动着手，但不是说劳动解放完成了，不久人类解放就会实现，劳动解放和人类解放是应该同时争取的一个事物的两个方面。用图表显示如下：

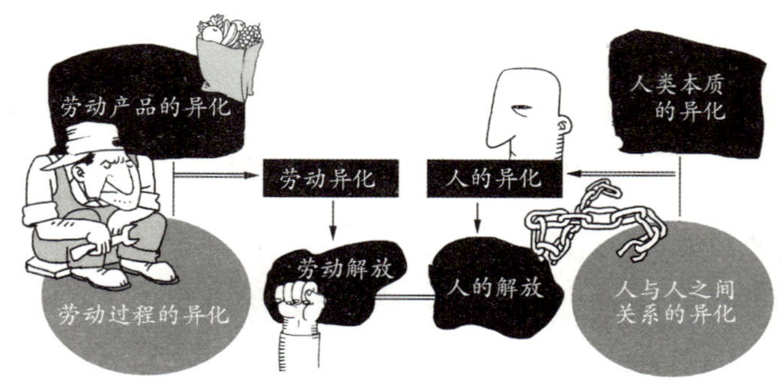

考察世界史的眼睛，“历史唯物主义”

最近英国的一份舆论调查显示，马克思被选为历史上最伟大的思想家。马克思核心思想之一的“历史唯物主义”是考察世界史的眼睛。如果说《般若心经》是释迦牟尼思想的浓缩，那么下面出现在《政治经济学批判》序言中的几段文字就是历史唯物主义的核心教义。

> 1. 人们在自己生活的社会生产中发生一定的、必然的、不以他们的意志为转移的关系，即同他们的物质生产力的一定发展阶段相适合的生产关系。这些生产关系的总和构成社会的经济结构，即有法律的和政治的上层建筑竖立其上（教育、艺术、宗教、伦理等）并有一定的社会意识形式与之相适应的现实基础。物质生活的生产方式制约着整个社会生活、政治生活和精神生活的过程，不是人们的意识决定人们的存在，相反，是人们的社会存在决定人们的意识。

历史是人类的历史，创造生活手段的生产活动成为历史的大前提。依靠石器的漫长的采集和狩猎时代过去后，开始了游牧和农耕时代。人类的生活中出现了多种职业的分化，人类共同体中慢慢出现了阶级，负责宗教和政治事务的人成为社会的领导者，为了维持共同体而征收的徭役和贡品成为领导者的专享品。

种族间的战争加速了阶级社会的形成，种族内的负债者和种族外的俘虏沦落为生产活动中地位最低的奴隶。据历史记载，所有的古代国家都统领有大量的奴隶。之后，历史展现了古代的奴隶制生产关系和中世纪的农奴制生产关系，到了近代又出现了一种生产关系，即资本主义生产关系。我如果出生于1000 年前的欧洲，我就会被纳入封建的生产关系，这与我的意志没有任何关系，现代人不论自己的意志如何也只能被纳入资本主义生产关系。

经济时代的划分不是看它生产了什么东西，而是看它如何、以何种劳动手段来生产。经济时代的划分不是看生产的是棉布衣服还是丝绸衣服，而是看是用纺车织成的还是用纺织机织成的。劳动手段不仅是人类劳动力发达的尺度，还是劳动者之间社会关系的指标，封建的生产关系是与纺车相适应的，而资本主义生产关系是与纺织机相适应的。

特定的生产力与特定的生产关系相结合，就形成了社会的物质基础，即经济结构；以经济结构为基础，搭建柱子和横梁，即巩固所属关系的法律、政治制度。《经国大典》就以法律的形式明确了朝鲜两班贵族对百姓的统治和他们之间的所属关系。

用法律和武力的强制手段来维护制度是愚蠢的行为，就像在房顶上搭瓦一样，还需要有装饰生产关系和统治结构的有关意识形态的艺术作品，这些艺术作品担负着使建筑物更持久耐用的重大作用。中世纪的欧洲贵族从基督教中获得了宗教援助，朝鲜的两班贵族从性理学中获得了意识形态装饰品。古代希腊的伟大思想家亚里士多德把奴隶称为“会说话的动物”，是因为他是生而不平等制度的拥护者，这并不是他本身知识能力不足所致，而是他生活的希腊社会就是建立在奴隶劳动的基础之上，他不能否定自身的存在。亚里士多德在意识上没有否定奴隶的人格，是他生活的社会条件否定了奴隶的人格，不是人的意识决定社会存在，而是人的社会存在决定他的意识。

中世纪的农民身负三重重担，缴纳给王室的人头税①和念一税②，时不时的还要承担道路工程的徭役；向神职人员缴纳什一税，农民要缴给他们小麦、黑麦、燕麦、大麦，还有羊、猪、鸡等；最后农民还要向领主缴纳领地年贡，领主不仅行使裁判权剥削农民，还要向他们征收使用面粉机、葡萄榨汁机、面包机等公共设施的费用。

---

① 人头税，是国家对人身课征的一种税。是向每一个人课相同、定额的税种（有别于所得之百分比）。

② 二十分之一的土地税。

平时依靠自己的耕地勉强为生的普通农民，遇到经济危机时为了缴纳赋税，自己的收成全部被夺走，以致买不起食物吃。1788—1789 年危机时，农民对领主的愤怒爆发了，沉重的封建赋税和什一税令农民们感到屈辱，他们想知道为什么要缴纳这些赋税。

> 2. 既存的生产关系变成生产力的桎梏，那时社会革命的时代就到来了。随着经济基础的变更，庞大的上层建筑很快就会发生变革。无论哪一种社会形态，在它所能容纳的全部生产力发挥出来以前，是绝不会灭亡的；而新的更高的生产关系，在它的物质存在条件在旧社会的胎胞里成熟以前，是绝不会出现的，所以人类始终只提出自己能够解决的课题。

卡莱尔[①]曾说过："长期压在 2000 万农民心头上的沉重压迫和贫困，才是法国革命的原动力，而不是王后的虚荣、哲学家的诡辩和商人的利己主义。"他勾画出了社会革命时期法国的面貌。英国的约翰·洛克说过，自由权、生命权和所有权是人的天赋自然权利，政府如果不能保障这些权利，就应该颠覆它。洛克为社会革命的时机做了代言。

---

① 托马斯·卡莱尔（1795—1881），19 世纪英国著名史学家、文坛怪杰。

对洛克来说，封建生产方式是陈旧的，与此相对应的专制君主制也是陈旧的。在封建生产方式中诞生的资本主义生产方式一旦拥有了物质力量，就会毫不留情地废除旧的一切。罗伯斯庇尔将路易十六送上断头台不是出于对他本人的怨恨，而是因为路易十六是封建腐朽制度的最后支柱。

有人认为随着苏联的解体，马克思主义也没落了，弗朗西斯·福山①在他的《历史的终结》一书中显示了日本人特有的轻狂。人类社会只要存在矛盾，人类克服矛盾的实践就会继续，历史也将继续。生产力越发达，资本主义的矛盾就越深化，马克思的预言“私有制的丧钟就要敲响了”仍处于现在进行时。

苏联的解体正有力地说明了“历史唯物主义”的观点。20 世纪 20 年代的苏联还不具备进入社会主义社会的物质前提，当时的苏联刚刚推翻中世纪的封建旧制度，是个经济上非常落后、即将走进近代世界的国家，就像列宁所分析的那样，革命后的俄国还是家长制下小农生产方式占主导的经济社会。没落的正是革命家们认为可以不经过资本主义直接进入社会主义的幻想和急躁心理，以及将这些观点集大成的斯大林的一国社会主义论。

---

① 弗朗西斯·福山，日裔美籍学者，哈佛大学政治学博士，现任约翰·霍普金斯大学、尼兹高等国际研究院、舒华兹讲座、国际政治经济学教授，曾任美国国务院思想库“政策企划局”副局长。著有《历史之终结与最后一人》《后人类未来——基因工程的人性浩劫》《跨越断层——人性与社会秩序重建》《信任》等。

现在是信息化、自动化的时代，我认为信息化、自动化是召唤社会主义社会的物质前提。如果说农业是召唤中世纪生产关系的生产力，那么工业就是召唤近代生产关系的生产力。如果说工厂手工业产生了资本主义生产关系，机器大工业给资本提供了统治世界的力量，那么，正如阿尔文·托夫勒[①]所说，林立的烟囱工厂的消失预告了近代资本主义生产关系的灭亡。而与此同时，信息化和自动化是呼唤代替资本主义生产关系的新型生产关系出现的历史征兆，21 世纪是乘着木排、从资本主义的此岸渡往社会主义彼岸的时期。

马克思的剩余价值论向人类提出了新的课题，人类始终只提出自己能够解决的课题。

---

① 阿尔文·托夫勒，未来学大师、世界著名未来学家，代表作《未来的冲击》《第三次浪潮》《权力的转移》。

《政治经济学批判》

马克思出版于1859年的早期作品，包括有关商品、货币、资本的观点。马克思原本计划将此书作为完整的经济学论文的第一部，8年后《资本论》第一卷出版时，加上了副标题“政治经济学批判”。在内容方面，本书和《资本论》的初稿具有相同的特点，简明、系统地论述了唯物主义思想。

《资本论》

马克思于1867年出版的具有代表性的经济学著作，该书对资本主义社会的总体分析和深刻批判为它赢得了的美誉。马克思直接出版的只有第1卷，马克思去世后，他的朋友兼同志恩格斯整理了他的遗稿，出版了第2卷和第3卷。

《资本论》共17篇97章，第1卷包括商品、货币、资本、剩余价值的生产过程和资本的积累等内容，第2卷讲了资本循环的形态和社会总资本的再生产过程，第3卷包括剩余价值的阶级分配法则和资本主义社会中阶级的再调整等内容。本书经历了19世纪的产业资本主义时期，对它的阐释和质疑不断，但本书作为准确分析资本和资本主义制度的杰出的经典之作，直到今天仍然影响深远。

第 10 章

21 世纪的乌托邦，东莫村

老子 Lao – tzu

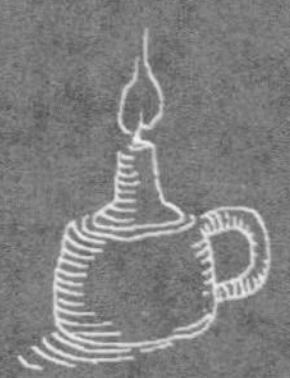

阅读《道德经》第80章，会令人联想到《欢迎来到东莫村》这部电影。老子的理想之乡就是东莫村，老子是东莫村的村长。

“村长，能让这么多人彼此不争斗、和谐地生活在一起，你有什么领导秘籍啊?”

“哪有什么秘籍，就是让大家吃饱呗。”

人生有什么啊，不就是吃好、穿好、住暖、活得高兴吗？老子的思想就蕴含在这一朴素的哲学观中。

在挖掘机和推土机轰鸣、消费和竞争盛行的时代，《道德经》的“无为自然”为我们指明了前进的方向，《道德经》的价值观为21世纪的人们提供了新的思考方式和生活方式。

法国人深以卢梭为傲，他们认为维克多·雨果是代表法国文学界的最具世界声望的作家，卢梭则是代表法国思想界的最具世界声望的思想家。鼓吹“回归自然”的卢梭，他的思想有那么伟大吗？我们有点儿不太理解。科学和技术——人类的文明导致了人的自然本性的失落，卢梭的文明批判思想也许从西方传统的角度来看是非常具有独创性的观点，但是从东方传统的角度来看则是一种普通的常识。我们崇尚朴素生活的精神源泉，即老子的无为自然，就活在我们心中。

卢梭在《论人类不平等的起源》中说：“人生来是自由的，但文明成为人的锁链。”他在《爱弥儿》中还说：“大自然希望儿童在成人以前就要像儿童的样子。”这些论述与老子的观点何其相像，以至于让人觉得卢梭是不是抄袭了《道德经》的内容。卢梭的《爱弥儿》发表于1762年，在此之前法国的传教士们应该早就在北京读到过《道德经》了。

> 无为自然。
>
> 不贵难得之货。
>
> 不敢为天下先。

21世纪呼唤着《道德经》的复活。在整个国土上挖掘机和推土机肆虐轰鸣的当下，国家的领导人们觉得人均1万美元还不够，要达到人均2万、3万美元才称得上是富裕的国家，说什么一定要提高国家的竞争力，在这里掉队，我们就是死路一条。在这种恐慌心理蔓延的当下，《道德经》给我们指明了一条正确的道路，《道德经》颠覆了原有的价值观，给21世纪的人们展示了一种新的思考方式和生活方式。

众多与老子相像的面孔

《道德经》共81章，文字简洁。我们都以为《道德经》是由老子一人执笔完成的，但是仔细阅读会发现，《道德经》中有许多名为老子但实际与之意见相左的思想。如果说孔子问礼的周朝太史是真正的老子，那么《道德经》不仅传达了老子的声音，也传达了活跃在战国时期的其他诸子的声音。

> 道可道，非常道；名可名，非常名。

这是《道德经》第 1 章开篇著名的两句话。你我之间的称呼、法则及所有的观念都不是“事物本来的样子”，《道德经》以宣布世界和人类认识的不一致开篇，具有哲学意味。我认为《道德经》的第 1 章不是出自推崇无为自然和朴素生活的老子之手，可能是其善于哲学思考的后代弟子们的作品，战国时期的“老子们”将作品汇集成书，大概是不会在开篇安排这样富于哲学思考的议论的。

> 视之不见，名曰夷；
> 听之不闻，名曰希；
> 搏之不得，名曰微。
> 是谓无状之状，无物之象，是谓恍惚。

这个恍惚之境大概也不是真正的老子所言。《道德经》中的许多文字需要有精深的哲学修养才能看懂，有些则超越了哲学范畴，成为神秘主义观念。我认为倡导朴素生活的老子不会用这么难以理解的概念解释自己的思想，玄学的理念和神秘主义的表达方式离老子追求的朴素相去甚远。

如果说“无为自然”是老子的思想，那么老子的弟子们就应该遵从老师的教导，拒绝所有有意为之的言行。但是阅读《道德经》就会发现书中出现了对儒家思想的声讨，对对立方采取过激的批判言行看起来不像老子所为。

大道废，有仁义；智慧出，有大伪。

仁义是儒家的核心思想，而《道德经》中却说：“标榜仁义的人啊，正是因为你们的智巧聪明，严重的虚伪才出现了。”——这分明是对儒家思想的指责。

绝仁弃义，民复孝慈。

春秋战国时期，儒家思想是最畅销的，《道德经》中随处闪烁着对孔子及其弟子质疑的目光，《道德经》上篇中对儒家的声讨之声不绝于耳。放弃仁义，百姓的品行才能回归孝慈，这是在指责儒家思想，就是因为你们的虚妄言行百姓的品行才堕落了。此话过于言重了，如果是真正的老子，大概只会说“仁义是开在淤泥中的莲花”。

绝学无忧。

《道德经》第 20 章的目标瞄准了儒家思想。孔子是个在学习上留有遗憾的人，《论语》的开篇《学而篇》中说：“学而时习之，不亦说乎?”孔子的一生是学习的一生。“绝学无忧”用现在的话来说就是，从学校退学才会没有忧愁，话虽然说得不错，但分明是针对儒家而说的。如果不学习汉字的话，怎么能写出“绝学无忧”这四个字呢？真正的老子不会愚蠢到有如此二律背反的逻辑。《道德经》中的“反儒家主义”应该是与儒家思想进行激烈论争后形成的。

无为而无不为，取天下常以无事。

第 48 章中出现的“取天下”分明也是针对孔子的。取天下是违背老子价值观的，面见国王和诸侯指教他们取天下的方略就更不是“老子们”做的事情了。虽然孔子的弟子们向国王提出的德治主张过于理想主义，但老子的弟子向国王讲解“无为哲学”就更是荒唐的事情了。

其政闷闷，其民淳淳；其政察察，其民缺缺。

司马迁笔下的老子，是个厌烦周朝国立图书馆馆长一职而返乡的人。拜见国王和诸侯说好话是善行，靠巧舌善言糊口也是可以理解的事情，但是游说当权者是违背老子精神的，这一点他的弟子们怎么会不明白呢？声讨世间不义然后归隐山林，这更像是老子所为。

天之道，其犹张弓与？高者抑之，下者举之。（中略）人之道，则不然，损不足以奉有余。”

你好，东莫村

据司马迁记载，老子辞官归隐途中，被国境守关官员认出，求老子著书相赠，老子一气呵成写就了《道德经》。《道德经》的内容虽少，但思想内涵深奥，绝不是一夕之间可以完成的。如果说老子有一气呵成的文章，那就应该是《道德经》的第 80 章《小国寡民》。

使有什伯之器而不用；使民重死而不远徙。

虽有舟舆，无所乘之；虽有甲兵，无所陈之。

“使有什伯之器而不用”，“虽有舟舆，无所乘之”，这代表了老子的文明批判思想。现在我们没有汽车就没法生活，汽车的便利不是白享受的，如果计算一下运转一辆汽车的费用，就会明白便利也需要付出相应的费用——我还是喜欢可以骑自行车通行的小城市。

老子的文明批判思想与一般的生态主义者不同，是非常彻底的，因为太彻底甚至给人以荒唐的感觉，但是所谓思想就应该是一以贯之、富有原则的。

使民复结绳而用之。

老子提倡不仅要放弃物质文明，还要放弃人类的精神文明，这一主张也太过极端了，但是老子思想好就好在是贯穿始终的。

“生死是很重要的事情，不要战争，即使有再多的铠甲、刀枪和武器也不要打仗。”文明批判主义者老子当然是彻底的和平主义者，在春秋战国时期的旋涡之中，老子找到了根除混乱的根本方法。我们本来就是讨厌战争和侵略、爱好和平的民族，不需再三强调老子的和平主义，而长期侵略他国、醉心于领土扩张的霸权国家的国民应该好好读一下《道德经》。世上没有永远的霸权者，强者终有一天会倒下。

甘其食，美其服，安其居，乐其俗。

与释迦牟尼相比，我之所以更喜欢老子就是因为他根植于民众的朴素。不论是释迦牟尼还是老子都拒绝快乐主义，释迦牟尼主张放弃执著，老子说“虚其心，弱其志”。释迦牟尼教导说万物皆空，要寻求不受羁绊的大自由，在这一点上老子与其不同。人生有什么啊，不就是吃好、穿好、住暖、活得高兴吗？这样看来，白石[①]就是20世纪的老子。

悠闲的孩子们捉野鸡直到天黑，
夜暮时分贫穷的妈妈走向泡菜缸，
香浓的愉悦包裹起村庄，兴奋在隐隐地蒸腾，
它就要上桌了。
（中略）
爸爸面前一大碗，儿子面前一小碗，满满地
端上了桌。
（中略）

---

① 白石（1912—1995），原名白夔行，韩国诗人，南北分裂后留在了朝鲜。——译注

啊，这令人兴奋的，是什么呢？（选自《面条》）

阅读《道德经》第80章，会令人联想到《欢迎来到东莫村》这部电影。老子的理想之乡就是东莫村，老子是东莫村的村长。“村长，能让这么多人彼此不争斗、和谐地生活在一起，你有什么领导秘籍啊？”“哪有什么秘籍，就是让大家吃饱呗。”

邻国相望，鸡犬之声相闻，民至老死不相往来。

听着邻村传来的汪汪的狗吠声、咯咯的鸡叫声，就让我们相安无事地直到老死吧，就像东莫村一样……

道是哲学，德是政治学

我们小学时都上过道德课，以为道德就是指人的伦理，但是读过《道德经》后发现其实不然。道德包括道和德，道是宇宙自然的原理，用今天的话说就是哲学，德是用自然之法治理天下的政治学。

天下皆知美之为美，斯恶已；皆知善之为善，斯不善已。

《道德经》的第2章阐明了美和善的相对性。任何人都喜欢美好的事物，向往善良，但是《道德经》说我们对美和善的执著只是固定观念。价值的相对性可以从多方面解释，美之所以美是因为与不美相比较，绝对的美是没有的，要抛弃比较。

春天开放的玉兰花是绚丽的，但纷纷凋谢时又是丑陋的，世上没有永恒的美，美早晚会变成丑。美和善的价值是可变的。对肃宗来说，初次相遇的张禧嫔就像一朵鲜艳的花朵，对她极尽宠爱，肃宗想不到她最后会成为只能赐死的恶女。

关于美和善的相对性，也许老子的本意是美和善的价值不在于“无为自然”，而取决于人为观念。玉兰花开了又谢，它不卖弄自己的美丽，也不以自己的凋谢为憾，等待花开又为落红惋惜的只是我们人而已。天地自然中本没有所谓美和善，这就是天地自然之理，就是道。

是以圣人处无为之事，行不言之教。

圣人是按天意生活的人，如果让他来治理天下，他会不会整天什么也不干呢？老子的“无为”不是说什么事也不干，整天就睡大觉的无所作为，是不人为的无为，是顺应自然的意思。春天播种，雨季在家搓麻绳，天高气爽的秋天收获，冬天熊冬眠了，人也休息了。有什么必要指手画脚呢？一切都顺其自然好了，这就是圣人的统治方式。以道开始，以德结束，这就是《道德经》的精髓，让我们再熟悉一下吧！

不尚贤，使民不争。

贤明是通往权力的阶梯。权力的中心看起来华丽，其实腐烂不堪，所以不要过于看重权力，这样通往权力之路的暗斗、阴谋、猜忌和竞争就消失了。这就是世间的道理，天之道。

不贵难得之货，使民不为盗。

盗窃是犯罪的开始，小偷可以发展为强盗，强盗发展为杀人犯。战争是什么？就是为了争夺战利品而展开的集团杀人行为。老子说，世间所有的混乱都来自财物之争，财富的不平等、对财富的执著带来了人的堕落，这是天理所致。

是以圣人之治，虚其心，实其腹，弱其志，强其骨。

圣人之治就是顺应天理，像东莫村的村民一样吃饱肚子，放空心灵，强身健骨，放弃立身扬名的志向，这就是《道德经》的治理之德，让我们再学习一下《道德经》的精髓！

天长地久。天地所以能长且久者，以其不自生，故能长生。

哈，够大气！真想不到。天为什么能长，地为什么能久？人只知互相炫耀，天地却默默无语，它带来云雨令庄稼生长，送来养分让果实成熟，却从不显露自己。“不自生”就是“不自现”，像母亲抚育孩子的胸怀，这就是天地之道。

是以圣人后其身而身先。

怎么感觉老子的观点和耶稣一样呢？一次，弟子们争论天国中谁最伟大，耶稣说小孩是最伟大的。像孩子一样纯洁无瑕就能去往天国，天国里都是退身其后、不争名夺利的人，这就是圣人之德。

功遂身退。

像水一样流往低处

《道德经》颠覆了所有庸俗的价值观，在思想的拳击场上《道德经》毫不妥协地向物质主义发起了猛烈的进攻，在老子面前，我们追求的一切价值都坍塌了。他让往上爬的人下来，让喜欢强势的人弱一些，让追求坚强的人温柔点儿，让立志高远的年轻人放低眼光，让成功的人退下来，让聪明的人活得糊涂一些，让打扮漂亮的女人活得随意一些，让闲云野鹤般孤高的士大夫坠入红尘中来。

挫其锐，解其纷，和其光，同其尘。

老子是纯粹的女权主义者，古代思想家中没人能像老子那样赞美女性。为了掌握权力密谋争斗的是男人，统治剥削他人的是男人，挑起事端发动战争的是男人；相反，孕育、生产、养育生命的是女人，女人为了孩子可以牺牲一切，女人热爱和平。如果想结束春秋战国时期的暴力悲剧，让人类一享和平大同的世界，统治者们，学习一下女人的温柔吧！

谷神不死，是谓玄牝。玄牝之门，是谓天地根。

玄牝指女性，玄牝之门指女性的子宫，一切生命从这里诞生。谷神永生，停留在溪谷这样的低处和空旷的地方吧！为了向上爬，挑起战争、纷争的人啊，放空心灵，停留在低处吧！

上善若水。水善利万物而不争，处众人之所恶。

利万物而不争之心是母亲的心，我最喜欢《道德经》中的这一段。上善若水，从智异山山谷中流出来的蛇溪水涤荡了我们的心灵，溪水啊，你流啊流啊流往何方？溪水往低往低往更低的地方流去，如果我们像溪水一样生活，所有竞争、斗争、战争的烦恼都会消失。

《道德经》反映了生活在苦难之中的民众的智慧。

飘风不终朝，骤雨不终日。

暴风啊，你就是再刮，能刮一早上吗？骤雨啊，你就是再下，能下一整天吗？正所谓“反者道之动”“权不十年”，不义者必自毙。

我有三宝，持而保之。一曰慈，二曰俭，三曰不敢为天下先。

这句名言可以贴在桌前，铭刻于心。我们已经有太久想不起祖先们的慈爱之心，有太久想不起祖先们的简朴生活，有太久想不起不敢为天下先、顺从天意默默地生活……21 世纪在呼唤着老子。

如果想找回被忘却的祖先慈爱之心，可以读一读白石的诗，在公交车上、地铁里不妨吟咏一首白石的诗。

不知什么时候小蜘蛛被扫走的地方来了大蜘蛛，

我心头一震，

又把大蜘蛛扫到了门外，

我担心它不理解，外面虽然很冷你还是和自己的孩子在一起吧！

（中略）

我把这小东西放在柔软的纸上又送到门外，
让它离妈妈姐姐哥哥近些，我担心着
盼望它们能相见，又暗自神伤。（选自《修罗》）

祖先们对台阶下的一只蚂蚁、屋檐下的一只蜘蛛都心怀生命的怜惜，兴夫为燕子包扎伤腿源于他的同情之心，诗人看到失去妈妈踽踽独行的小蜘蛛黯然神伤，这就是仁和慈。

我们忘却简朴的生活已久，觥筹交错间兴奋狂欢的我们不知何为清贫，何为简朴。孩子们连饭都吃不上，但来了客人还是尽心尽力地招待，在贫困中也要保持一颗高洁的心，这就是我们祖先的生活。

可爱的孩子吃不上一块糖，亲爱的妻子穿着破衣裳，
却把数百两送给了陌生的穷人，这份情意，这些话语，
人可以丢弃一切获得一个灵魂，这句顶天立地的话语。（选自《许浚》）

白石是朝鲜的老子，诗人想象着和心爱的娜塔莎一起生活在深山老林中的窝棚里，就像老子不敢为天下先。和娜塔莎分

手后，白石孤独地徘徊在咸镜道的深山和中国的东北，回到乡间的白石像孩子一样兴奋。

天气好得不得了，
雪化了热闹，柳绿了热闹，
村子里的马猪鸡狗，动物们好不热闹，
还有大路上院子里，孩子大人们喧闹着。
我的心莫名地兴奋，
在这春天里，我盘算着要在地里种上土豆、玉米、西瓜、黄瓜、花生，
还有蒜和大葱。（选自《归农》）

“人法地，地法天，天法道，道法自然”，这句话浓缩了老子的世界观。农民不是靠自己的力量培育生命，而是靠土地种植谷物，因此人法地。

土地按照春夏秋冬四季培育生命，得到天空给予的雨水变得湿润，该种稻子的时候种稻子，该种土豆的时候种土豆，时机由天决定，因此地法天。

大地和天空的变化都有各自的秩序和法则。秋天来了，树木舍弃所有的叶子度过严冬；夏天来了，枝条向天空张开双臂得到更多的阳光。阴阳的法则就是道，道来自自然，省略思维的所有中间项，就是人法自然。

祖先们认为天地奇妙的结合产生了人，我们的身体里流淌着天之神和地之气。对我们来说，天就是进入身体的神。白石的诗用水彩画般的语言，向我们展示了天、自然和诗人的奇妙结合。

天
爱着篱笆边唧唧叫的小鸡，
爱着井口石头下鸣叫的蝼蛄，
还爱着
柳树下模仿驴叫的诗人。

天
爱着草丛中打伞的蘑菇，
爱着沙滩上闭门休息的蛤蚌，
还爱着
厚重的茅草屋顶下点着南瓜花灯笼的诗人。

天
爱着空中舒卷的白云，
爱着隐入山谷的溪水，
还爱着在幽静的山路上晒得黝黑的诗人。

天

更喜爱我们有这样的诗人，

哪怕世界并不知道他是谁，

但

牛犊和蜜蜂会知道他的名字叫姜小泉。

这首《“南瓜花灯笼”序诗》是白石诗的佳作。西方人无法摆脱征服自然、利用自然和掠夺自然的惯性思维，他们主体-客体二分法、意识-存在二分法的根基过于厚重，一旦陷入这种思考方式就很难脱身。《道德经》为此提供了逃脱的通道，即天地人三者合一的世界观，人法地，地法天，天法道，道法自然。老子的语言对我们来说仍然缺乏生动感，但白石的诗让我们感受到天地人结合时的温馨和暖意。

天地结合产生了人，先人们天地人三者合一的思想在《“南瓜花灯笼”序诗》中脱离了思想的抽象性，获得了生命力。在白石的诗中，天地人三者合一形成的不是人为的系统，而是彼此关爱的统一。在白石眼中，天默默赋予了独自在山村院落中唧唧啄食的小鸡以生命的气韵，这一生命之源挚爱着白云和溪水，也以净洁之气充盈着贫穷的诗人的心，牛犊、蜜蜂和天都成为了诗人的朋友。

《道德经》

中国哲学家老子的著作，被称为《老子》或《道德经》。据说先秦时期已经存在《老子》一书，但从全书的内容来看，该书应该不是老子一人所著，而是道家思想的集大成之作。

《道德经》约 5000 字，共 81 篇，批评了儒家所说的仁义礼和繁杂的法规，将太古朴素的思想视为理想。老子所描述的“道”是天地万物的本源，“德”是指用自然之“道”治理天下。老子的这一思想在今天十分流行，并正在成为 21 世纪新的思考方式和生活方式。

我的生活与哲学经典

我经常旅行，去年夏天去了西伯利亚。距离朝鲜半岛1万里的地方有一个贝加尔湖，“贝”是“明亮”的意思，“加尔”是蒙语“海”的意思，因此“贝加尔”意为“明亮的海”“闪耀的海”。伊尔库茨克市位于发源于贝加尔湖的安加拉河畔，中世纪的教堂静静地散布在城市各处，弥漫着古典的韵味。在城市中心矗立有列宁铜像和纪念马克思的建筑，墙上的铜牌历经岁月的侵蚀，还在向人们诉说着朝鲜青年曾经在这里从事过的抗日活动。伊尔库茨克市并不是遥远的异域。

为我们的旅行提供帮助的姑娘叫阿廖娜，她刚刚大学毕业，非常喜欢韩国，在庆北大学学习过3个月韩语，说得还算不错。

“我希望将来到韩国生活。”她目光闪烁地说。遗憾的是阿廖娜不知道马克思和列宁是谁，而我有很多故事想讲给她听。

我们这一代人都习惯把中国东北和西伯利亚看成是异国他乡。80年代我们曾经兴奋地唱过，“从首尔到平壤，打车只用5万块”，感觉火车很快就可以通往吉林、伊尔库茨克、莫斯科。现在，坐着横穿西伯利亚的火车来往莫斯科和巴黎已成为现实，历史呼唤的是一双世界的眼睛。

语言就是思想。只有精通西方思想家的语言才能很好地向他们提问，只有了解东方思想的精髓才能就他们的问题做出有意义的解答，当然，还必须知晓朝鲜人的哲学和诗意的心。如果说，过去的100年是我们学习西方文明的过程，现在到了我们向西方人送上一朵思想之花的时候了。

20岁的时候遇见耶稣和马克思是我的幸运。1979年1月，我被关进了梁山陆军教导所，因为参军之前散发传单一事。我曾经在首尔散发过有关打倒朴正熙独裁统治的印刷品，一起撒传单的朋友被警察抓住后，我也就进了军队教导所。

教导所反倒成了好地方，只要有书，可以一天到晚享受学习的乐趣，陆军教导所允许罪犯看《圣经》。地上铺着地板，两张毯子就是被子。隆冬时节，位于五峰山半山腰的陆军教导所内北风彻夜呼号，“如若可以，请你拿走这痛苦之杯吧！”

1979年4月，我被军事法庭处以2年徒刑，剥夺了军人资格，转往民间教导所。逃离陆军教导所的铁窗，移监去往金海教导所的那天，是我解放的日子，因为到民间教导所就可以随便吃面包了。那时我就是个无钱有罪的人。去年冬天我一边看着电影《假日》，一边不断地抹去泪水，我就是坐着主人公池江宪坐的那种移监汽车到了金海教导所。汽车的铁窗外迎春花正开得灿烂。我真是太想吃干面包了，移监的当天我就买了两袋，总算吃饱了肚子。

民间教导所和陆军教导所不同，可以从外边送书进来，不久妈妈来看我，我就让她把我参军之前看的书送来。当然，送书进教导所是需要一点技巧的，因为必须通过教导所保安科的检查。所谓技巧就是把合法书籍的封面撕下来包在敏感书籍上，如果书是英文的，保安科大概就没有识别能力了，直接予以通过。那时在教导所读过的一本书，现在还在我的书架上，打开一看，上面认真地写着计划要读的书目，这份已经褪色的书目就是我在监狱里的“两年读书计划”。有亚当·斯密的《国富论》、马克思的《资本论》和列宁的《帝国主义论》等经济学著作，还有《论语》《孟子》《老子》等东方哲学经典，记得满满的。仔细一想我不由得笑了，计划两年完成的监狱学习计划，后来整整花了我20年的时间。

对我们来说最重要的还是阅读经典。当妈妈的都想给孩子最好的东西，“应该给孩子看什么书呢？”对提出这一问题的妈妈，我总是回答说阅读经典。同时我又担心，孩子们读过之后是否能够消化。希望这本书能成为各位经典旅行中的好向导。

参考文献

第1章 苏格拉底为什么服下了毒药?

⋮《伊壁鸠鲁篇，苏格拉底的申辩，克力同篇，斐多篇》，柏拉图著，朴钟宪译，瑞光寺出版

第2章 理想国的建设规划

⋮《理想国・政体》，柏拉图著，朴钟宪译，瑞光寺出版

⋮《The Republic of Plato》，Platon 著，F. M. Cornford 译，Oxford University Public 出版

第3章 脱离苦海

⋮《阅读般若心经和金刚经》，金允洙著，麻古书屋出版

第4章 周游天下的"唐・吉诃德"们

⋮《论语》，表文太译解，悬岩寺出版

⋮《梼杌论语》，金容沃著，原木出版社出版

第5章 谁杀害了耶稣?

⋮《Good News Bible》，American Bible Society 编，American Bible Society出版

第 6 章　梦想做把握宇宙的第一人，太虚

《圣学十图》，李滉著，李光浩译，弘益出版社出版

《退溪评传》，丁淳睦著，知识产业社出版

《退溪集》，张基槿著，红神文化社出版

《退溪和高峰书信集》，金英斗译，松树出版社出版

第 7 章　我的胡子没有犯叛逆罪

《乌托邦》，托马斯·莫尔著，袁昌烨译，红神文化社出版

《Utopia》，Sir Thomas More 著，J. M. Dent & Sons Ltd 出版

第 8 章　利己主义对你们有益

《国富论》，亚当·斯密著，崔虎镇译，泛友社出版

《The Wealth of Nations》，Adam Smith 著，Edwin Cannan 编，Modern Library 出版

《A History of Economic Theory and Method》，Robert B. Ekelund，Robert F. Hebert 著，Waveland Pr Inc 出版

《道德情操论》，亚当·斯密著，朴世逸、闵庆国译，飞峰出版社出版

《社会正义论》，约翰·罗尔斯著，黄庆植译，瑞光寺出版

第 9 章 前往“鲁滨逊·克鲁索岛”的原因?

- 《资本论》，卡尔·马克思著，金秀行译，飞峰出版社出版
- 《Capital》，Karl Marx 著，Swan Sonnenschein. Lowrey. co 出版

第 10 章 21 世纪的乌托邦，东莫村

- 《道德经》，卢泰俊译解，红神文化社出版
- 《老子和 21 世纪》，金容沃著，原木出版社出版
- 《我、娜塔莎和白驴》，白石著，白诗娜编，茶山草堂出版

索引

（本书脚注未注明译注的，全为编注。）